www.ingramcontent.com/pod-product-compliance
Lightning Source LLC
LaVergne TN
LVHW010752051026
849532LV00007B/2346
9789369087204

گیت گاتا چل

(رومانی فلمی نغمے)

(۱۹۸۰ء اور ۱۹۹۰ء کی دہائی)

مرتبہ:

مکرم نیاز

Geet gaata chal : Romantic film songs - Part-3

by: Mukarram Niyaz

Edition: August '2025
Publisher :
Taemeer Publications LLC (Michigan, USA / Hyderabad, India)

ISBN 978-93-6908-720-4
9 789369 087204

کتاب	:	**گیت گاتا چل** (رومانی فلمی نغمے / حصہ: ۳)
مرتب	:	**مکرم نیاز**
صنف	:	شاعری
ناشر	:	تعمیر پبلی کیشنز (حیدرآباد، انڈیا)
سالِ اشاعت	:	۲۰۲۵ء
صفحات	:	۱۷۰
سرورق ڈیزائن	:	تعمیر ویب ڈیزائن

تعارف

بالی ووڈ سینما کی ایک انفرادیت اس کے نغمے، گیت اور موسیقی بھی ہیں۔ مغل اعظم، پاکیزہ اور امراؤ جان سے لے کر 'دل تو پاگل ہے' تک کی فلموں نے اردو شاعری کا لوہا منوایا ہے۔ ۱۹۶۰ کی دہائی کے جوبلی کمار (راجندر کمار) اپنی اداکاری سے زیادہ اپنی فلموں کے گانوں کے سہارے مقبول ہوئے اسی طرح ۷۰ کی دہائی کے سپر اسٹار راجیش کھنہ بھی!

ان مشہور و مقبول فلمی نغموں کے آڈیو / ویڈیو آج سائبر دنیا میں جہاں دستیاب ہیں وہیں بصورت تحریر دیوناگری اور رومن رسم الخط میں مختلف ویب سائٹس پر بھی موجود ہیں۔ اردو رسم خط میں اس کمی کا خیال کرتے ہوئے، 'تعمیرنیوز' کی جانب سے بالی ووڈ فلمی نغموں کے لیے ایک بلاگ مختص کیا گیا جہاں تقریباً ۷۰۰ سے زائد نغموں کو اردو نستعلیق تحریر کی شکل میں پیش کرنے کی سعی کی گئی۔ انہی نغموں کو کتابی شکل میں بھی 'تعمیر پبلی کیشنز' کی جانب سے پیش کیا جا رہا ہے۔

مکرم نیاز

۲۵/ اگست ۲۰۲۵ء ، حیدرآباد ، تلنگانہ، انڈیا۔

رومانی

(سال : نغموں کی تعداد)

۱۹۸۰ : ۲۰

۱۹۹۰ : ۵۲

۱۹۸۰ - گانا نمبر : ۰۱

نغمہ : جنم جنم کا ساتھ ہے تمہارا ہمارا

فلم : بھیگی پلکیں (۱۹۸۲ء)

نغمہ نگار : ایم جی حشمت

گلوکار : لتا، رفیع

موسیقار : جگل کشور، تلک راج

اداکار : راج ببر، سمیتا پاٹل

جنم جنم کا ساتھ ہے تمہارا ہمارا
اگر نہ ملتے اس جیون میں، لیتے جنم دوبارہ
جب سے گھومے دھرتی، سورج، چاند، ستارے
تب سے میری نگاہیں، سمجھے تیرے اشارے
روپ بدل کر ساجن میں نے، پھر سے تمہیں پکارا
پیار کے پنکھ لگا کے دور کہیں اڑ جائیں
جہاں ہوائیں غم کی ہم تک پہنچ نہ پائیں
خوشیوں کی خوشبو سے، مہکے گھر سنسار ہمارا

***

گانا نمبر : ۲

نغمہ : دل لگی نے دی ہوا تھوڑا سا دھواں اٹھا

فلم : دوستانہ (۱۹۸۰ء)

نغمہ نگار : آنند بخشی

گلوکار : آشا بھونسلے، کشور کمار

موسیقار : لکشمی کانت پیارے لال

اداکار : امیتابھ بچن، شتروگھن سنہا، زینت امان

دل لگی نے دی ہوا
تھوڑا سا دھواں اٹھا اور آگ جل گئی
تیری میری دوستی پیار میں بدل گئی
تیری میری دوستی پیار میں بدل گئی
دل لگی نے دی ہوا۔۔۔
پہلے پہلے کم ملے پھر تو خوب ہم ملے
ایک ملاقات میں اس کی بات بات میں
جانے تو نے کیا کہا جانے مینے کیا سنا

تو نے کیا مذاق میری جان نکل گئی

تیری میری دوستی۔۔۔

دو دلوں کے میل میں اس نظر کے کھیل میں

ایسے دل دھڑک گیا شور دور تک گیا

کیا یہ خون معاف ہے یہ کوئی انصاف ہے

آنکھوں کا تھا قصور چھری دل پہ چل گئی

تیری میری دوستی۔۔۔

تیری بھی خطا نہیں میری بھی خطا نہیں

دونوں پہ شباب ہے عمر یہ خراب ہے

شوق شاعری کا ہے شعر یہ کسی کا ہے

دیکھا جو حسن یار طبیعت مچل گئی

تیری میری دوستی۔۔۔

***

گانا نمبر : ۳

نغمہ : تم سے مل کے ایسا لگا

فلم : پرندہ (۱۹۸۹ء)

نغمہ نگار : خورشید ہلوری

گلوکار : آشا بھونسلے، سریش واڈیکر

موسیقار : آر ڈی برمن

اداکار : جیکی شراف، نانا پاٹیکر، انیل کپور، مادھوری ڈکشٹ

تم سے مل کے ایسا لگا، تم سے مل کے
ارماں ہوئے پورے دل کے، اے میری جان وفا
تیری میری، میری تیری، ایک جان ہے
ساتھ تیرے رہیں گے سدا ، تم سے نہ ہونگے جدا
میرے صنم، تیری قسم، چھوڑیں گے اب نہ یہ ہاتھ
یہ زندگی گزرے گی اب ہمدم تمہارے ہی ساتھ
اپنا یہ وعدہ رہا، تم سے نہ ہونگے جدا
میں نے کیا ہے رات دن، بس تیرا ہی انتظار

تیرے بنا آتا نہیں، ایک پل مجھے اب قرار

ہمدم میرا مل گیا، ہم تم نہ ہونگے جدا

ہمدم میرا مل گیا، اب ہم نہ ہونگے جدا

***

گانا نمبر : ۴

نغمہ : نیلے نیلے امبر پر چاند جب آئے

فلم : کلاکار (۱۹۸۳ء)

نغمہ نگار : اندیور

گلوکار : کشور کمار

موسیقار : بپی لہری

اداکار : سری دیوی، کنال گوسوامی

نیلے نیلے امبر پر چاند جب آئے
پیار برسائے، ہم کو ترسائے
ایسا کوئی ساتھی ہو، ایسا کوئی پریمی ہو
پیاس دل کی بجھا جائے
اونچے اونچے پربت جب چومتے ہیں امبر کو
پیاسا پیاسا امبر جب چومتا ہے ساگر کو
پیار سے کسنے کو، بانہوں میں بسنے کو
دل میرا للچائے، کوئی تو آ جائے

ایسا کوئی ساتھی ہو، ایسا کوئی پریمی ہو
پیاس دل کی بجھا جائے
ٹھنڈے ٹھنڈے جھونکے جب بالوں کو سہلائیں
تپتی تپتی کرنیں جب گالوں کو چھو جائیں
سانسوں کی گرمی کو، ہاتھوں کی نرمی کو
میرا من ترسائے، کوئی تو چھو جائے
ایسا کوئی ساتھی ہو، ایسا کوئی پریمی ہو
پیاس دل کی بجھا جائے
چھم چھم کرتا ساون بوندوں کے بان چلائے
ست رنگی برساتوں میں جب تن من بھیگا جائے
پیار میں نہانے کو، ڈوب ہی جانے کو
دل میرا تڑپائے، خواب جگا جائے
ایسا کوئی ساتھی ہو، ایسا کوئی پریمی ہو
پیاس دل کی بجھا جائے

***

گانا نمبر : ۵

نغمہ : روز روز آنکھوں تلے ایک ہی سپنا چلے

فلم : جیوا (۱۹۸۶ء)

نغمہ نگار : گلزار

گلوکار : آشا بھونسلے، امیت کمار

موسیقار : آر ڈی برمن

اداکار : سنجے دت، منداکنی

روز روز آنکھوں تلے، ایک ہی سپنا چلے
رات بھر کاجل جلے
آنکھ میں جس طرح خواب کا دیا جلے
جب سے تمہارے نام کی مصری ہونٹ لگائی ہے
میٹھا سا غم ہے اور میٹھی سی تنہائی ہے
چھوٹی سی دل کی الجھن ہے یہ سلجھا دو تم
جینا تو سیکھا ہے مر کے مرنا سکھا دو تم
آنکھوں پر کچھ ایسے تم نے زلف گرا دی ہے
بیچارے سے کچھ خوابوں کی نیند اڑا دی ہے

***

گانا نمبر : ٦

نغمہ : تو نے او رنگیلے کیسا جادو کیا

فلم : قدرت (۱۹۸۱ء)

نغمہ نگار : مجروح سلطان پوری

گلوکار : لتا منگیشکر

موسیقار : آر ڈی برمن

اداکار : ہیما مالنی ، راجیش کھنہ

تو نے او رنگیلے کیسا جادو کیا

پیا پیا بولے متوالا جیا

بانہوں میں چھپا کے یہ کیا کیا، او رے پیا

پاس بلا کے گلے سے لگا کے

تو نے تو بدل ڈالی دنیا

نئے ہیں نظارے، نئے ہیں اشارے

رہی نہ وہ کل والی دنیا

سپنے دکھا کے یہ کیا کیا، او رے پیا

او میرے ساجن، کیسی یہ دھڑکن
شور مچانے لگی من میں
جیسے لہرائے ندیا کا پانی
لہر اٹھے رے میرے تن میں
مجھ میں سما کے یہ کیا کیا، او رے پیا

***

گانا نمبر : ۷

نغمہ : پربتوں سے آج میں ٹکرا گیا

فلم : بے تاب (۱۹۸۳ء)

نغمہ نگار : آنند بخشی

گلوکار : شبیر کمار

موسیقار : آر ڈی برمن

اداکار : سنی دیول، امرتا سنگھ

پریمی ہوں، پاگل ہوں میں، پاگل ہوں میں
روپ کا ساگر ہوں میں، ساگر ہوں میں
پیار کا بادل ہوں میں
پربتوں سے آج میں ٹکرا گیا
تم نے دی آواز لو میں آ گیا
تم بلاؤ میں نہ آؤں ایسا ہرجائی نہیں
اتنے دن تم کو ہی میری یاد تک آئی نہیں
آ گیا جادو کا موسم آ گیا

تم نے دی آواز لو میں آ گیا
ہو ہو پربتوں سے آج میں ٹکرا گیا
عمر ہی ایسی ہے کچھ یہ تم کسی سے پوچھ لو
ایک ساتھی کی ضرورت پڑتی ہے ہر ایک کو
دل تمہارا اس لیے گھبرا گیا
تم نے دی آواز لو میں آ گیا
کھول کر ان بند آنکھوں کو جھروکوں کی طرح
چور آوارہ ہوا کے مست جھونکوں کی طرح
ریشمی زلفوں کو میں بکھرا گیا
تم نے دی آواز لو میں آ گیا
ہو ہو پربتوں سے آج میں ٹکرا گیا

***

گانا نمبر : ۸

نغمہ : میں تیری محبت میں پاگل ہو جاؤں گا

فلم : تری دیو (۱۹۸۹ء)

نغمہ نگار : آنند بخشی

گلوکار : محمد عزیز

موسیقار : کلیان جی آنند جی

اداکار : نصیر الدین شاہ، سنی دیول، جیکی شراف، مادھوری ڈکشٹ، سنگیتا بجلانی، سونم

میں تیری محبت میں پاگل ہو جاؤں گا
مجھے ایسا لگتا ہے تجھے کیسا لگتا ہے
میں تیری نگاہوں سے گھائل ہو جاؤں گا
مجھے ایسا لگتا ہے تجھے کیسا لگتا ہے
کچھ دن سے میں ٹوٹا ٹوٹا رہتا ہوں
اپنے دل سے روٹھا روٹھا رہتا ہوں
کچھ دن سے میں کھوئی کھوئی رہتی ہوں
جاگوں بھی تو سوئی سوئی رہتی ہوں

دیوانی آج نہیں تو کل ہو جاؤں گی
مجھے ایسا لگتا ہے تجھے کیسا لگتا ہے
جی چاہے تیری آنکھوں میں کھو جاؤں
آج ابھی اس وقت میں تیری ہو جاؤں
کب تک آخر ہم ملنے کو ترسیں گے
کب ساون آئے گا کب بادل برسیں گے
تو مست پوَن بن جا میں بادل بن جاؤں گا
میں تیری محبت میں پاگل ہو جاؤں گا
مجھے ایسا لگتا ہے تجھے کیسا لگتا ہے
تجھ بن لب پر کوئی نام نہیں آتا
دل کو تڑپے بنا آرام نہیں آتا
دونوں طرف لگی ہے آگ برابر یہ
تو بھی جل جائے گی میں بھی جل جاؤں گا
مجھے ایسا لگتا ہے تجھے کیسا لگتا ہے
میں تیری نگاہوں سے گھائل ہو جاؤں گا
مجھے ایسا لگتا ہے تجھے کیسا لگتا ہے

***

گانا نمبر : ۹

نغمہ : مجھے تم یاد کرنا اور مجھ کو یاد آنا تم

فلم : مشعل (۱۹۸۴ء)

نغمہ نگار : جاوید اختر

گلوکار : لتا منگیشکر، کشور کمار

موسیقار : پنڈت ہردے ناتھ منگیشکر

اداکار : دلیپ کمار، وحیدہ رحمان، انیل کپور، رتی اگنی ہوتری

مجھے تم یاد کرنا اور مجھ کو یاد آنا تم
میں اک دن لوٹ کے آؤں گا، یہ مت بھول جانا تم
اکیلی ہوگی تم دیکھو کہیں ایسا نہ ہو جائے
جو اب ہونٹوں پہ ہے مسکان وہ مسکان کھو جائے
ذرا لوگوں سے ملنا تم ذرا ہنسنا ہنسانا تم
مگر تم لوٹ کے آؤ گے، یہ مت بھول جانا تم
اگر لڑکی تمھیں کوئی ملے جو خوبصورت ہو
تمہاری دوستی کی شاید اس کو بھی ضرورت ہو

اگر وہ پاس آئے، مسکرائے، مسکرانا تم
مگر میں لوٹ کے آؤں گا، یہ مت بھول جانا تم

***

گانا نمبر : ۱۰

نغمہ : کب کے بچھڑے ہوئے ہم آج کہاں آ کے ملے

فلم : لاوارث (۱۹۸۱ء)

نغمہ نگار : انجان

گلوکار : آشا بھونسلے، کشور کمار

موسیقار : کلیان جی آنند جی

اداکار : امیتابھ بچن، زینت امان، راکھی، امجد خان

کب کے بچھڑے ہوئے ہم آج کہاں آ کے ملے
جیسے شمع سے کہیں لو یہ جھلملا کے ملے
کب کے بچھڑے ہوئے ہم آج کہاں آ کے ملے
جیسے ساون سے کہیں پیاسی گھٹا چھا کے ملے

بعد مدت کے رات مہکی ہے
دل دھڑکتا ہے، سانس بہکی ہے
پیار چھلکا ہے پیاسی آنکھوں سے
سرخ ہونٹوں پہ آگ دہکی ہے

مہکی ہواؤں میں، بہکی فضاؤں میں
دو پیاسے دل یوں ملے
جیسے مے کش کوئی ساقی سے ڈگمگا کے ملے
دور شہنائی گیت گاتی ہے
دل کے تاروں کو چھیڑ جاتی ہے
یوں سپنوں کے پھول یہاں کھلتے ہیں
یوں دعائیں دل کی رنگ لاتی ہیں
برسوں کے بیگانے، الفت کے دیوانے، انجانے ایسے ملے
جیسے من چاہی دعائیں، برسوں آزما کے ملے

***

گانا نمبر : ۱۱

نغمہ : ہم نے صنم کو خط لکھا

فلم : شکتی (۱۹۸۲ء)

نغمہ نگار : آنند بخشی

گلوکار : لتا منگیشکر

موسیقار : آر ڈی برمن

اداکار : دلیپ کمار، ایتابھ بچن، سمیتا پاٹل

ہمیں بس یہ پتا ہے وہ، بہت ہی خوبصورت ہے
لفافے کے لیے لیکن، پتے کی بھی ضرورت ہے
ہم نے صنم کو خط لکھا، خط میں لکھا
اے دلربا، دل کی گلی، شہر وفا
پہنچے یہ خط جانے کہاں، جانے بنے کیا داستاں
اس پر رقیبوں کا یہ ڈر، لگ جائے ان کے ہاتھ اگر
کتنا برا انجام ہو، دل مفت میں بدنام ہو
ایسا نہ ہو، ایسا نہ ہو، اپنے خدا سے رات دن

مانگا کیے ہم یہ دعائیں
پیپل کا یہ پتا نہیں، کاغذ کا یہ ٹکڑا نہیں
اس دل کا یہ ارماں ہے، اس میں ہماری جان ہے
ایسا غضب ہو جائے نہ، رستے میں یہ کھو جائے نہ
ہم نے بڑی تاکید کی، ڈالا اسے جب ڈاک میں
یہ ڈاک بابو سے کہا
برسوں جوابِ یار کا، دیکھا کیے ہم راستہ
اک دن وہ خط واپس ملا اور ڈاکیئے نے یہ کہا
اس ڈاک خانے میں نہیں، سارے زمانے میں نہیں
کوئی صنم اس نام کا، کوئی گلی اس نام کی
کوئی شہر اس نام کا ---
ہم نے صنم کو خط لکھا ---

***

گانا نمبر : ۱۲

نغمہ : ہر کسی کو نہیں ملتا یہاں پیار زندگی میں

فلم : جانباز (۱۹۸۶ء)

نغمہ نگار : اندیور

گلوکار : سادھنا سرگم، منہر ادھاس

موسیقار : کلیان جی آنند جی

اداکار : فیروز خان، سری دیوی، انیل کپور، ڈمپل کپاڈیہ

ہر کسی کو نہیں ملتا
یہاں پیار زندگی میں
خوش نصیب ہیں وہ جن کو ہے ملی
یہ بہار زندگی میں
ہونٹوں سے ہونٹ ملیں نہ بھلے
چاہے ملیں نہ بانہیں بانہوں سے
دو دل زندہ رہ سکتے ہیں
چاہت کی بھری نگاہوں سے

زلفوں کے نرم اندھیرے ہیں
جسموں کے گرم اجالے ہیں
جیتے جی ہم کو پیار ملا
ہم دونوں قسمت والے ہیں
ہر کسی کو نہیں ملتا
یہاں پیار زندگی میں
خوش نصیب ہیں وہ جن کو ہے ملی
یہ بہار زندگی میں

***

گانا نمبر : ۱۳

نغمہ : یار بنا چین کہاں رے

فلم : صاحب (۱۹۸۵ء)

نغمہ نگار : انجان

گلوکار : جانکی ایس۔، بپی لہری

موسیقار : بپی لہری

اداکار : انیل کپور، امرتا سنگھ

یار بنا چین کہاں رے، پیار بنا چین کہاں رے
سونا نہیں چاندی نہیں یار تو ملا، ارے پیار کر لے
کوئی نیا سپنا نگاہوں میں تو ہے
کوئی نیا ساتھی نئی راہوں میں تو ہے
دل جو ملیں گے تقدیر بنے گی
زندگی کی نئی تصویر بنے گی
پیار میں دل بیقرار کر لے
یار بنا چین کہاں رے، پیار بنا چین کہاں رے

سونا نہیں چاندی نہیں یار تو ملا، ارے پیار کر لے

یار ہمیں پیسہ نہیں پیار چاہیے

کوئی من چاہا دلدار چاہیے

ہیرے موتی ایسے جہاں دل نہ تلے

سپنوں کا کوئی سنسار چاہیے

یہ بھی ہوگا تھوڑا انتظار کر لے

سونا نہیں چاندی نہیں یار تو ملا

ارے پیار کر لے، ارے پیار کر لے

***

گانا نمبر : ۱۴

نغمہ : دیکھو میں نے دیکھا ہے اک سپنا

فلم : لو اسٹوری (۱۹۸۱ء)

نغمہ نگار : آنند بخشی

گلوکار : لتا منگیشکر، امیت کمار

موسیقار : آر ڈی برمن

اداکار : کمار گورو، وجیتا پنڈت

دیکھو میں نے دیکھا ہے اک سپنا
پھولوں کے شہر میں ہے گھر اپنا
کیا سماں ہے، تو کہاں ہے؟
میں آئی آئی آئی، آ جا ---
کتنا حسیں ہے یہ اک سپنا
پھولوں کے شہر میں ہے گھر اپنا
کیا سماں ہے، تو کہاں ہے؟
میں آیا آیا آیا، آ جا ---

یہاں تیرا میرا نام لکھا

رستہ نہیں یہ عام لکھا ہے

ہو، یہ ہے دروازہ تو جہاں کھڑی ہے

اندر آ جاؤ سردی بڑی ہے

یہاں سے نظارہ دیکھو پربتوں کا

جھانکوں میں کہاں سے، کہاں ہے جھروکہ

یہ یہاں ہے، تو کہاں ہے؟

میں آئی آئی آئی

اچھا یہ بتاؤ کہاں پہ ہے پانی

باہر بہہ رہا ہے جھرنا دیوانی

بجلی نہیں ہے یہی اک غم ہے

تیری بندیا کیا بجلی سے کم ہے

چھوڑو مت چھیڑو بازار جاؤ

جاتا ہوں جاؤں گا پہلے یہاں آؤ

شام جواں ہے، تو کہاں ہے

میں آئی آئی آئی

کیسی پیاری سی ہے یہ چھوٹی سی رسوئی
ہو ہم دونوں ہیں بس دوجا نہیں کوئی
اِس کمرے میں ہوں گی میٹھی باتیں
اُس کمرے میں گزریں گی راتیں
یہ تو بولو ہوگی کہاں پہ لڑائی
میں نے وہ جگہ ہی نہیں بنائی
پیار یہاں ہے، تو کہاں ہے
میں آئی آئی آئی

***

گانا نمبر : ۱۵

نغمہ : دردِ دل دردِ جگر، دل میں جگایا آپ نے

فلم : قرض (۱۹۸۰ء)

نغمہ نگار : آنند بخشی

گلوکار : محمد رفیع

موسیقار : لکشمی کانت پیارے لال

اداکار : رشی کپور، ٹینا منیم

دردِ دل، دردِ جگر، دل میں جگایا آپ نے
پہلے تو میں شاعر تھا، عاشق بنایا آپ نے
آپ کی مدہوش نظریں کر رہی ہیں شاعری
یہ غزل میری نہیں، یہ غزل ہے آپ کی
میں نے تو بس وہ لکھا، جو کچھ لکھایا آپ نے
کب کہاں سب کھو گئی، جتنی بھی تھی پرچھائیاں
بجھ گئی یاروں کی محفل ہو گئی تنہائیاں
کیا کیا شاید کوئی پردہ گرایا آپ نے

اور تھوڑی دیر میں بس ہم جدا ہو جائیں گے

آپ کو ڈھونڈوں گا کیسے، راستے کھو جائیں گے

نام تک بھی تو نہیں، اپنا بتایا آپ نے

***

گانا نمبر : ۱۶

نغمہ : میرے پیار کی عمر ہو اتنی صنم

فلم : وارث (۱۹۸۸ء)

نغمہ نگار : ورما ملک

گلوکار : لتا منگیشکر، من موہن سنگھ

موسیقار : اتم سنگھ، جگدیش کھنہ

اداکار : راج ببر، سمیتا پاٹل، امریتا سنگھ

میرے پیار کی عمر ہو اتنی صنم
تیرے نام سے شروع، تیرے نام پہ ختم
تیری خوشی سے ہے خوشی
تیرے غم سے ہے غم
تیرے نام سے شروع، تیرے نام پہ ختم
میرے سپنے گلابی نیندیں ہو گئی جواں
لو آ کے تیری بانہوں میں، میں کھو گئی کہاں
حاضر ہے جان، جانِ من، جان کی قسم

تیرے نام سے شروع، تیرے نام پہ ختم
بنا تیرے اک پل بھی مجھے رہا نہیں جائے
یہ دور دور رہنا، اب سہا نہیں جائے
تیری پیار بھری بانہوں میں ہی نکلے گا دم
تیرے نام سے شروع، تیرے نام پہ ختم

***

گانا نمبر : ۱۷

نغمہ : تیرا نام لیا تجھے یاد کیا

فلم : رام لکھن (۱۹۸۹ء)

نغمہ نگار : آنند بخشی

گلوکار : منہر ادھاس، انورادھا پودوال

موسیقار : لکشمی کانت پیارے لال

اداکار : جیکی شراف، ڈمپل کپاڈیہ، انیل کپور

مجھے تم سے ہیں کتنے گلے ہاں ہاں ہاں
تم کتنے دن بعد ملے کیوں کیوں کیوں
بولو اتنے دن کیا کیا، کیا کیا ، کیا کیا
تیرا نام لیا ہو او، تجھے یاد کیا ہو او
تیرا نام لیا، تجھے یاد کیا
اپنی ممی سے میری بات کی نہیں، نہیں، نہیں
میرے ڈیڈی سے ملاقات کی نہیں ، نہیں، نہیں
ہاں ہیرا پھیری میرے ساتھ کی، نو نیور

پھر اور بھلا کیا کیا

تیرا نام لیا، تجھے یاد کیا

تجھے یاد کیا، تیرا نام لیا

پکچر کے ٹکٹ منگوائے نہیں، نہیں، نہیں

کوئی اچھی خبر تم لائے نہیں، نہیں، نہیں

کسی کام میرے تم آئے

کیا پیار میں تم نے کیا

تیرا نام لیا ہو او، تجھے یاد کیا ہو او

تجھے یاد کیا، تیرا نام لیا

تو نے میری قدر کچھ جانی ہاں

کبھی دی کوئی پریم نشانی اوں

کوئی بات کبھی میری مانی

کیسا پیار یہ تم نے کیا

کیوں کیا، کیا کیا ، کیا کیا

تیرا نام لیا ہو او، تجھے یاد کیا ہو او

تجھے یاد کیا، تیرا نام لیا

کب بنوں گی میں شہزادی ابھی

کب ملے گی ہمیں آزادی ابھی

کبھی ہو گی ہماری شادی

ابھی ، یہیں چلو ، ہائے رام

اب دل کیوں تھام لیا، تھام لیا

رام رام رام رام

تیرا نام لیا ہو او، تجھے یاد کیا ہو او

تیرا نام لیا، تجھے یاد کیا

تجھے یاد کیا، تیرا نام لیا

***

گانا نمبر : ۱۸

نغمہ : دل بہلتا ہے میرا آپ کے آ جانے سے

فلم : خود غرض (۱۹۸۷ء)

نغمہ نگار : فاروق قیصر

گلوکار : محمد عزیز، سادھنا سرگم

موسیقار : راجیش روشن

اداکار : جتندر، شتروگھن سنہا، گوونڈا، نیلم

مے سے مینا سے نہ ساقی سے
نہ پیمانے سے
دل بہلتا ہے میرا آپ کے آ جانے سے
آپ کے آ جانے سے
گل سے غنچوں سے نہ بلبل کے گنگنانے سے
دل بہلتا ہے میرا آپ کے آ جانے سے
آپ کے آ جانے سے
خواب میں جنت کا نقشہ، آ گیا جب سامنے

پھولوں سے بھی دل نہ بہلا

ہم لگے تجھے ڈھونڈنے

جنت کی بہاروں سے نہ پریوں کے مسکرانے سے

دل بہلتا ہے میرا آپ کے آ جانے سے

آپ کے آ جانے سے

ایک دن میں گئی تھی، جوہری بازار میں

تیری آنکھیں یاد آئیں، ہیروں کے بھی ہار میں

موتی سے نہ ہیروں سے نہ زیور سے

نہ کسی خزانے سے

دل بہلتا ہے میرا آپ کے آ جانے سے

آپ کے آ جانے سے

مے سے مینا سے نہ ساقی سے نہ پیمانے سے

دل بہلتا ہے میرا آپ کے آ جانے سے

آپ کے آ جانے سے

***

گانا نمبر : ۱۹

نغمہ : تم سے مل کر نجانے کیوں

فلم : پیار جھکتا نہیں (۱۹۸۵ء)

نغمہ نگار : ایس اچ بہاری

گلوکار : لتا منگیشکر، شبیر کمار

موسیقار : لکشمی کانت پیارے لال

اداکار : متھن چکرورتی، پدمنی کولھاپوری

تم سے مل کر نجانے کیوں
اور بھی کچھ یاد آتا ہے
آج کا اپنا پیار نہیں ہے
جنموں کا یہ ناتا ہے
او پیار کی قاتل، پیار کی دشمن
لاکھ بنی یہ دنیا دیوانی
او ہم نے وفا کی راہ نہ چھوڑی
ہم نے تو اپنی ہار نہ مانی

اس موڑ سے بھی ہم گزرے ہیں
جس موڑ پہ سب لٹ جاتا ہے
اک تیرے بنا اس دنیا کی
ہر چیز ادھوری لگتی ہے
تم پاس ہو کتنے، پاس مگر
نزدیکی بھی دوری لگتی ہے
پیار جنہیں ہو جائے انہیں
کچھ اور نظر کب آتا ہے
مر کے کبھی جو ختم نہ ہو
یہ پیار کا وہ افسانہ ہے
تم بھی تو ہمارے ساتھ چلو
تو ہم کو وہاں تک جانا ہے
وہ جھوم کے اپنی دھرتی سے
آکاش جہاں مل جاتا ہے

***

گانا نمبر : ۲۰

نغمہ : یہ زمین گا رہی ہے

فلم : تیری قسم (۱۹۸۲ء)

نغمہ نگار : آنند بخشی

گلوکار : امیت کمار

موسیقار : آر ڈی برمن

اداکار : کمار گورو، پونم ڈھلون

یہ زمیں گا رہی ہے، آسماں گا رہا ہے
ساتھ میرے، یہ سارا جہاں گا رہا ہے
شوخ کلیوں کے گھونگھٹ سرکنے لگے ہیں
مست پھولوں کے دل بھی دھڑکنے لگے ہیں
یہ بہاروں کا دلکش سماں گا رہا ہے
جھوم کر پربتوں پہ گھٹا چھا رہی ہے
پیار کی عمر شاید قریب آ رہی ہے
میرا دل پیار کی یہ داستاں گا رہا ہے

بھول کر راہ کوئی حسیں آ نہ جائے
اس جگہ کوئی پردہ نشیں آ نہ جائے
اس جگہ آج ایک نوجواں گا رہا ہے

***

۱۹۹۰ - گانا نمبر : ۰۱

نغمہ : بس اک تمنا ہے، دلبر، میرے دل میں

فلم : سلامی (۱۹۹۴ء)

نغمہ نگار : سمیر

گلوکار : کمار سانو، الکا یاگنک

موسیقار : ندیم شراون

اداکار : ایوب خان، سوم یگنا، روشنی جعفری

بس اک تمنا ہے، دلبر، میرے دل میں
آئی لَو یو کہہ دے تو، مجھے آج اس محفل میں
میری محبت میں ہوگا اثر تو میں تجھے جیت لوں گا
دردِ جدائی کی بےبسی اب میں کبھی نہ سہوں گا
تیری محبت میں، جانِ وفا، میں جان بھی اپنی دوں گی
ملنے کی کھائی ہے میں نے قسم، اب دور میں نے رہوں گا
ترے مرے درمیاں، دلربا، یہ کیسی دیوار آئی

مل کے بھی تجھ سے میں سہتا رہا کتنے دنوں تک جدائی
چلتی نہیں ہے کسی کی یہاں رسمِ محبت کے آگے
ہارا زمانہ، میری جانِ من، دل کی بغاوت کے آگے
دنیا بڑی ظالم ہے، میری جان ہے مشکل میں
آئی لَو یو کہتی ہوں، تجھے آج اس محفل میں
تیرے لیے، اے میرے ہمدم، دونوں جہاں چھوڑ دوں گی
رسموں رواجوں کی میں ساری زنجیریں توڑ دوں گی
آئی لَو یو کہتی ہوں، تجھے آج اس محفل میں
آئی لَو یو کہتا ہوں، تجھے آج اس محفل میں

***

گانا نمبر : ۰۲

نغمہ : کچھ نہ کہو کچھ بھی نہ کہو

فلم : ۱۹۴۲ اے لو اسٹوری (۱۹۹۵ء)

نغمہ نگار : جاوید اختر

گلوکار : کمار سانو

موسیقار : آر ڈی برمن

اداکار : انل کپور، منیشا کوئرالا، جیکی شراف

کچھ نہ کہو کچھ بھی نہ کہو
کیا کہنا ہے کیا سنانا ہے
مجھ کو پتہ ہے تم کو پتہ ہے
سمے کا یہ پل، تھم سا گیا ہے
اور اس پل میں کوئی نہیں ہے
بس ایک میں ہوں بس ایک تم ہو
کتنے گہرے ہلکے، شام کے رنگ ہیں چھلکے
پربت سے یوں اترے بادل، جیسے آنچل ڈھلکے

اور اس پل میں کوئی نہیں ہے

سلگی سلگی سانسیں، بہکی بہکی دھڑکن

مہکے مہکے شام کے سائے، پگھلے پگھلے تن من

اور اس پل میں کوئی نہیں ہے

بس ایک میں ہوں بس ایک تم ہو

***

گانا نمبر : ۰۳

نغمہ : ایلو جی صنم ہم آ گئے آج پھر دل لے کے

فلم : انداز اپنا اپنا (۱۹۹۴ء)

نغمہ نگار : مجروح سلطان پوری

گلوکار : بہروز چٹرجی، وکی مہتا

موسیقار : تشار بھاٹیہ

اداکار : عامر خاں، سلمان خاں، کرشمہ کپور، رویںہ ٹنڈن

نوٹ : عامر خاں اور رویںہ ٹنڈن پر فلمایا گیا یہ نغمہ فلم" پھر وہی دل لایا ہوں (۱۹۶۳) " کے نغمہ" بندہ پرور ، تھام لو جگر ، بن کے پیار پھر آیا ہوں "کی دھن اور انداز پر ترتیب دیا گیا۔ دونوں نغمے مجروح سلطان پوری کے تحریر کردہ رہے ہیں۔

ایلو ایلو ایلو

ایلو جی صنم ہم آ گئے آج پھر دل لے کے

اب اتنا بھی غصہ کرو نہیں جانی

یہ کھویا کھویا موسم پوَن دیوانی

کہیں اڑا لے نہ یارا تجھے دلدارا تجھے

ایلو ایلو، کیسے جادوگر ہیں بہار کے یہ دن

جان ہی نہ لے لیں خمار کے یہ دن

دیکھو جانِ جاناں بہک نہ جانا

آجا میں دے دوں سہارا تجھے

ماتھے پہ تو بل ہے لبوں پہ مسکان

چھب ہے غضب کی میں تیرے قربان

ہائے مر جاؤں گا جینے نہیں پاؤں گا

ایسے نہ مارو نظارہ مجھے

ایلو جی صنم ہم آ گئے آج پھر دل لے کے

چلو جی میں غصہ نہ اور کروں گی

تیری شکایت پہ غور کروں گی

کیا ہے میری منزل سمجھ گیا دل

جاناں کرو نا اشارہ مجھے

ایلو ایلو، ایلو ایلو

ایلو جی صنم ہم آ گئے آج پھر دل لے کے

***

گانا نمبر : ۰۴

نغمہ : کتنا سکون کتنا آرام ہے

فلم : ساجن کی بانہوں میں (۱۹۹۵ء)

نغمہ نگار : سمیر

گلوکار : کمار سانو

موسیقار : ندیم شراون

اداکار : رشی کپور، تبو، روینہ ٹنڈن، سمیت سہگل

کتنا سکون کتنا آرام ہے
پاس میں تم ہو اور ہاتھوں میں جام ہے
شاید میری زندگی کی سب سے حسیں یہ شام ہے
کہہ رہا ہے یہ دل بےخودی میں صنم
اور کیا چاہیے زندگی میں صنم
عاشقی کا نشہ ایسے جاتا نہیں
تم کو دیکھے بنا چین آتا نہیں
کیسے زندہ رہوں

ان ہونٹوں پہ صرف تمہارا نام ہے
دلربا ہے کیا میں نے یہ فیصلہ
اب تو جینا نہیں ہے تمہارے سوا
تھوڑا پاگل ہوں میں تھوڑا دیوانہ ہوں
بس تمہارا ہوں، میں سب سے بیگانا ہوں
اور کیا میں کہوں
عشق تیرا میری چاہت کا انعام ہے
پاس میں تم ہو اور ہاتھوں میں جام ہے
شاید میری زندگی کی سب سے حسیں یہ شام ہے
کتنا سکون کتنا آرام ہے
پاس میں تم ہو اور ہاتھوں میں جام ہے
شاید میری زندگی کی سب سے حسیں یہ شام ہے

***

گانا نمبر : ۰۵

نغمہ : پاس وہ آنے لگے ذرا ذرا

فلم : میں کھلاڑی تو اناڑی (۱۹۹۴ء)

نغمہ نگار : رانی ملک

گلوکار : کمار سانو، الکا یاگنک

موسیقار : انو ملک

اداکار : اکشے کمار، سیف علی خاں، شلپا شیٹی، راگیشوری

پاس وہ آنے لگے ذرا ذرا

نظریں چرانے لگے ذرا ذرا

دل پہ وہ چھانے لگے ذرا ذرا

ذرا ذرا، ذرا ذرا، ذرا ذرا

دھڑکنیں چرانے لگے ذرا ذرا

پاس وہ آنے لگے ذرا ذرا

پاس وہ آنے لگے ذرا ذرا

ہمیں وہ چاہنے لگے ذرا ذرا

اپنا بنانے لگے ذرا ذرا

ذرا ذرا، ذرا ذرا، ذرا ذرا

دل کو دھڑکنے لگے ذرا ذرا

پاس وہ آنے لگے ذرا ذرا

ہو، کہتی ہے یہ تیری پائل

تونے کیا مجھے گھائل گھائل

شام سویرے دل میں میرے

تو نے مچا دی ہلچل ہلچل

تیری میری پریم کہانی

ہے ساگر کا گہرا پانی

لاکھوں دن اور لاکھوں راتیں

ختم نہ ہوگی اپنی باتیں

نیندیں اڑانے لگے ذرا ذرا

اپنا بنانے لگے ذرا ذرا

ہمیں وہ چاہنے لگے ذرا ذرا

ذرا ذرا، ذرا ذرا، ذرا ذرا

دھڑکنیں چرانے لگے ذرا ذرا
پاس وہ آنے لگے ذرا ذرا
ہو، آجا مجھ کو پاگل کر دے
خوشیوں سے یہ دامن بھر دے
حسرت ہے یہ دل میں میرے
محبوبہ سے دلہن کر دے
مانگ میں تیری تارے بھر دوں
چاند کو تیرا کنگن کر دوں
پھولوں سے تصویر بناؤں
کرنوں سے میں روپ سجاؤں
دھڑکنیں چرانے لگے ذرا ذرا
سانسوں میں بسنے لگے ذرا ذرا
دل کو لبھانے لگے ذرا ذرا
ذرا ذرا، ذرا ذرا، ذرا ذرا
دھڑکنیں چرانے لگے ذرا ذرا
پاس وہ آنے لگے ذرا ذرا

اپنا بنانے لگے ذرا ذرا

ذرا ذرا، ذرا ذرا، ذرا ذرا

پاس وہ آنے لگے ذرا ذرا

پاس وہ آنے لگے ذرا ذرا

ہم بھی انہیں چاہنے لگے ذرا ذرا

ذرا ذرا، ہاں ، ذرا ذرا

***

گانا نمبر : ۰۶

نغمہ : یہ دھرتی چاند ستارے تو جب جب مجھ کو پکارے

فلم : قربان (۱۹۹۱ء)

نغمہ نگار : سمیر

گلوکار : ادت نرائن، انورادھا پودوال

موسیقار : آنند ملند

اداکار : سلمان خان، آئشہ جلکا

یہ دھرتی چاند ستارے یہ ندیا پَون گھٹا رے
مٹ جائے گا سارا جہاں یہ، بس پیار رہے گا یہاں پہ
تو جب جب مجھ کو پکارے میں دوڑی آؤں ندیا کنارے
ہر پل تیرا رستا نہارے، دل لاگے نہیں تیرے بنا رے
مجھے سینہ سے لگا لے، مجھے آنکھوں مے۔ بسا لے
میرے بھولے ساتھیا، تجھے دل دے دیا، میرا دل لے لیا
دیکھو سنہری دھوپ یہ ڈھلنے لگی منڈیر سے
کب سے کھڑا ہوں میں یہاں، آئی تو کتنی دیر سے

چھپ کے چھپ کے آ گئی

تیری یہی ادا صنم پاگل مجھے بنا گئی

مجھے بانہوں میں اٹھا لے مجھے سینہ میں چھپا لے

میرے بھولے ساتھیا۔۔۔

دیکھوں تجھے تو دن ڈھلے، دیکھوں تجھے تو رات ہو

مجھ کو بھی چین آئے نہ، جب تک نہ تجھ سے بات ہو

مل کے بھی کیوں لگے مجھے، دل میں ملن کی پیاس ہے

جاؤں میں تجھ سے دور کیوں، ایسا لگے تو پاس ہے

پاس مجھ کو بٹھا لے ساری دوریاں مٹا لے

میرے بھولے ساتھیا، کیسے جئیں گے ساجنا آنکھوں سے دور جاکے ہم

مر کے اسے نبھائیں گے، لی ہے جو پیار میں قسم

سارے جہاں کو بھول کے ایک دوجے میں سما گئے

ہوں گے جدا نہ ہم کبھی اتنے قریب آ گئے

میرا سپنا سجا لے مجھے اپنا بنا لے، میرے بھولے ساتھیا۔۔۔

***

گانا نمبر : ۰۷

نغمہ : تو میرے ساتھ ساتھ آسماں سے آگے چل

فلم : راجو بن گیا جنٹلمین (۱۹۹۲ء)

نغمہ نگار : مہندر دہلوی

گلوکار : کمار سانو، الکا یاگنک

موسیقار : جتن للت

اداکار : شاہ رخ خان، جوہی چاؤلہ، نانا پاٹیکر

تو میرے ساتھ ساتھ آسماں سے آگے چل
تجھے پکارتے ہیں تیرا آنے والا کل
نئی ہیں منزلیں، نئے ہیں راستے
نیا نیا سفر ہے تیرے واسطے
نئی نئی ہے زندگی
حسن ہے شام ہے
اٹھا لے جام تو خوشی کا
وقت ہے یہ تیرا

منا لے جشن زندگی کا
یہ شام آج کی
تیرے ہی نام ہے
تیرا نصیب بھی تیرا غلام ہے
کیا حسیں یہ مقام ہے
تو میرے ساتھ ساتھ آسماں سے آگے چل
تجھے پکارتے ہیں تیرا آنے والا کل
حسن سے بھی حسیں
ہیں خواب میری زندگی کے
اس خوشی سے پرے
ہیں موڑ اور بھی خوشی کے
میں دیکھتا نہیں کبھی ادھر ادھر
بس اپنی منزلوں پر ہیں میری نظر
دیکھ مجھ کو میرے ہم سفر
تو میرے ساتھ ساتھ آسماں سے آگے چل
تجھے پکارتے ہیں تیرا آنے والا کل

نئی ہیں منزلیں، نئے ہیں راستے
نیا نیا سفر ہے تیرے واسطے
نئی نئی ہیں زندگی
نئی نئی ہیں زندگی

***

گانا نمبر : ۰۸

نغمہ : چاند چھپا بادل میں، شرما کے میری جاناں

فلم : ہم دل دے چکے صنم (۱۹۹۹ء)

نغمہ نگار : محبوب

گلوکار : ادت نرائن، الکا یاگنک

موسیقار : اسماعیل دربار

اداکار : سلمان خان، ایشوریہ رائے، اجے دیوگن

چاند چھپا بادل میں، شرما کے میری جاناں
سینے سے لگ جا تو، بل کھا کے میری جاناں
گم صم سا ہے، گپ چپ سا ہے
مدہوش ہے، خاموش ہے
یہ سماں ہاں یہ سماں، کچھ اور ہے
چاند چھپا ---
نزدیکیاں بڑھ جانے دے
ارے نہیں بابا، نہیں ابھی نہیں نہیں

یہ دوریاں مٹ جانے دے
ارے نہیں بابا، نہیں ابھی نہیں نہیں
دور سے ہی تم، جی بھر کے دیکھو
تم ہی کہو کیسے دور سے دیکھیں
چاند کو جیسے دیکھتا چکور ہے
گم صم سا ہے --- چاند چھپا ---
آ جا رے آجا چندا، کہ جب تک تو نہ آئے گا
سجنا کے چہرے کو دیکھنے، یہ من ترس جائے گا
نہ نہ چندا تو نہیں آنا، تو جو آیا تو
صنم شرما کے کہیں چلا جائے نہ
آ جا رے آجا چندا، تو لاکھ دعائیں پائے گا
نہ نہ چندا تو نہیں آنا، ورنہ صنم چلا جائے گا
آنچل میں تو چھپ جانے دے
ارے نہیں بابا، نہیں ابھی نہیں نہیں
زلفوں میں تو کھو جانے دے
ارے نہیں بابا، نہیں ابھی نہیں نہیں

پیار تو نام ہے صبر کا ہمدم
وہ ہی بھلا بولو کیسے کریں ہم
ساون کی راہ جیسے دیکھے مور ہے
رہنے بھی دو جانے بھی دو، اب چھوڑو ناں
اب چھوڑو ناں، منہ موڑو ناں
یہ سماں، ہاں یہ سماں
آیا رے آیا چندا اب ہر خواہش پوری ہو گی
چاندنی رات میں ہر سجنی اپنے سجنا کو دیکھے گی
چاند چھپا بادل میں، شرما کے میری جاناں

***

گانا نمبر : ۰۹

نغمہ : زمانے کے دیکھے ہیں رنگ ہزار

فلم : سڑک (۱۹۹۱ء)

نغمہ نگار : سریندر ساتھی

گلوکار : انورادھا پوڈوال، ابھیجیت بھٹاچاریہ

موسیقار : ندیم شراون

اداکار : سنجے دت، پوجا بھٹ، سداشیوامرپورکر

زمانے کے دیکھے ہیں رنگ ہزار
نہیں کچھ سوا پیار کے
آ کے تو لگ جا گلے میرے یار
نہیں کچھ سوا پیار کے
تو ہے صنم میری پہلی محبت
تجھ پہ لٹا دوں میں دنیا کی چاہت
زلفوں کے سائے میں جینا ہے مجھ کو
دل کی پناہوں میں رکھوں گا تجھ کو

اس بے قراری میں آئے قرار
نہیں کچھ سوا پیار کے
چاہت کا رنگین ارمان بن کے
تم دل میں رہنا میری جان بن کے
تیری محبت میں میں ہوں دیوانی
تیری امانت ہے یہ زندگانی
ہر سانس میری ہے تجھ پہ نثار
نہیں کچھ سوا پیار کے
آ کے تو لگ جا گلے میرے یار
زمانے کے دیکھے ہیں رنگ ہزار
نہیں کچھ سوا پیار کے

***

گانا نمبر : ۱۰

نغمہ : سن سن سن برسات کی دھن سن

فلم : سر (۱۹۹۳ء)

نغمہ نگار : قتیل شفائی

گلوکار : کمار سانو

موسیقار : انو ملک

اداکار : نصیر الدین شاہ، پوجا بھٹ ، اتل اگنی ہوتری

سن سن سن برسات کی دھن سن
سن سن سن برسات کی دھن سن
بجلی چمکی لپٹ گئے ہم
بادل گرجا سمٹ گئے ہم
یہ ہے کتنا اچھا شگن
سن سن سن برسات کی دھن سن
شعلہ ہے شعلہ ہے تیری جوانی
جلتا دکھائی دیتا ہے پانی

جتنی یہ بارش بڑھتی رہے گی
ٹھنڈک دلوں کے پڑتی رہے گی
ایسے میں تو ہری عمر کا
میٹھا سا کوئی سپنا بن
یہ ہے کتنا اچھا شگن
سن سن سن برسات کی دھن سن
چھایا ہے ایسا موسم کا جادو
جسموں سے آئے پھولوں کی خوشبو
سانسوں میں سانسیں گھلنے لگی ہیں
شرمیلی بانہیں کھلنے لگی ہیں
باندھ کے گھنگھرو پیار کے ہم
آؤ ناچیں چھن چھن چھن
یہ ہے کتنا اچھا شگن
سن سن سن برسات کی دھن سن

***

گانا نمبر : ۱۱

نغمہ : مجھ سے جدا ہو کر تمھیں دور جانا ہے

فلم : ہم آپ کے ہیں کون (۱۹۹۴ء)

نغمہ نگار : دیو کوہلی

گلوکار : لتا منگیشکر، ایس پی بالاسبرامنیم

موسیقار : رام لکشمن

اداکار : سلمان خاں، مادھوری ڈکشٹ

مجھ سے جدا ہو کر تمھیں دور جانا ہے
پل بھر کی جدائی پھر لوٹ آنا ہے
ساتھیا سنگ رہے گا تیرا پیار
ساتھیا رنگ لائے گا انتظار
تم سے جدا ہو کر مجھے دور جانا ہے
پل بھر کی جدائی پھر لوٹ آنا ہے
ساتھیا سنگ رہے گا تیرا پیار
ساتھیا رنگ لائے گا انتظار

میں ہوں تیری سجنی، ساجن ہے تو میرا
تو باندھ کے آیا میرے پیار کا سہرا
چہرے سے اب تیرے ہٹتی نہیں انکھیاں
تیرا نام لے لے کر چھیڑے مجھے سکھیاں
سکھیوں سے اب مجھ کو پیچھا چھڑانا ہے
پل بھر کی جدائی پھر لوٹ آنا ہے
ساتھیا سنگ رہے گا تیرا پیار
ساتھیا رنگ لائے گا انتظار
میرے تصور میں تم روز آتی ہو
چپکے سے تم آ کر میرا گھر سجاتی ہو
سجنی بڑا پیارا یہ روپ ہے تیرا
گجرے کی خوشبو سے مہکا ہے گھر میرا
آنکھوں سے اب تیری کاجل چرانا ہے
پل بھر کی جدائی پھر لوٹ آنا ہے
ساتھیا سنگ رہے گا تیرا پیار
ساتھیا رنگ لائے گا انتظار

میں پیار کی یادیں دل سے مٹا دوں گی
میں فرض کی خاطر سب کچھ بھلا دوں گی
تجھ کو نبھانا ہے جو فرض ہے تیرا
کیسے چکاؤں گا میں قرض یہ تیرا
سجدے میں اب تیرے یہ سر جھکانا ہے

***

گانا نمبر : ۱۲

نغمہ : شیری میں ہو گیا دیوانہ

فلم : وجیتا (۱۹۹۶ء)

نغمہ نگار : سمیر

گلوکار : ابھیجیت، کویتا کرشنا مورتی

موسیقار : آنند ملند

اداکار : سنجے دت، روینہ ٹنڈن

شیری میں ہو گیا دیوانہ
جانِ من مجھے تو نے پاگل کیا
درد کیا میری دھڑکنوں کو دیا
دیکھا تجھے، جب سے دیکھا تجھے
دل نے کہا
میرے دل نے کہا تجھ سا نہ کوئی یہاں
شیری میں ہو گیا دیوانہ
آنکھوں سے بول گئی

رازِ وفا کھول گئی

چھوڑ دے شرمانا، یوں نہ پلکیں جھکا

کیوں بھلا تڑپانا، میری بانہوں میں آ

جانا تجھے، جب سے جانا تجھے

دل نے کہا

میرے دل نے کہا تجھ سا نہ کوئی یہاں

شیری میں ہو گیا دیوانہ

تنہائی مست شمع، اس پہ تیرا حسن جواں

کالی کالی رہے جیسے کاجل تیرا

مخملی ہریالی جیسے آنچل تیرا

چاہا تجھے، جب سے چاہا تجھے

دل نے کہا

میرے دل نے کہا تجھ سا نہ کوئی یہاں

شیری میں ہو گیا دیوانہ

***

گانا نمبر : ۱۳

نغمہ : تم سے ملنے کو دل کرتا ہے

فلم : پھول اور کانٹے (۱۹۹۱ء)

نغمہ نگار : سمیر، رانی ملک

گلوکار : کمار سانو، الکا یاگنک

موسیقار : ندیم شراون

اداکار : اجے دیوگن، مدھو، امریش پوری

رک جانا --- تم سے ملنے کو دل کرتا ہے

تم ہی ہو جس پہ دل مرتا ہے

رے بابا تم سے ملنے کو دل کرتا ہے

جب سے تم سے شروع یہ کہانی ہوئی

لوگ کہتے ہیں میں تو دیوانی ہوئی

جانے کیا بات ایسی ہے تجھ میں صنم

یہ دل تیرے لیے ہی مچلتا ہے

رے بابا تم سے ملنے کو دل کرتا ہے

دور تم سے رہوں تو ہو بےچینیاں

پاس آؤ تو بڑھتی ہیں بےتابیاں

ہو نہ جائے کہیں تو مجھ سے جدا

ایسی باتوں سے دل ڈرتا ہے

رے بابا تم سے ملنے کو دل کرتا ہے

***

گانا نمبر : ۱۴

نغمہ : بازیگر او بازیگر، تو ہے بڑا جادوگر

فلم : بازیگر (۱۹۹۳ء)

نغمہ نگار : نواب آرزو

گلوکار : الکا یاگنک، کمار سانو

موسیقار : انو ملک

اداکار : شاہ رخ خاں، شلپا شیٹی، کاجول

او میرا دل تھا اکیلا، تو نے کھیل ایسا کھیلا

تیری یاد میں جاگوں رات بھر

بازیگر او بازیگر، تو ہے بڑا جادوگر

بازیگر میں بازیگر، دل والوں کا میں دلبر

او دل لے کے دل دیا ہے، سودا پیار کا کیا ہے

دل کی بازی جیتا، دل ہار کر

بازیگر او بازیگر، تو ہے بڑا جادوگر

چپکے سے آنکھوں کے رستے تو میرے دل میں سمایا

چاہت کا جادو جگا کے، مجھ کو دیوانہ بنایا
پہلی نظر میں بنی ہے تو میرے سپنوں کی رانی
یاد رکھے گی یہ دنیا اپنی وفا کی کہانی
او میرا چین چرا کے، میری نیندیں اڑا کے
کھو نہ جانا کسی موڑ پر
بازیگر میں بازیگر، دل والوں کا میں دلبر
بازیگر او بازیگر، تو ہے بڑا جادوگر
دھک دھڑکتا ہے یہ دل
بولو نا کیا کہہ رہا ہے
پاس آؤ بتا دوں
نہ بابا ڈر لگ رہا ہے
مجھ کو غلط نہ سمجھنا
میں نہیں بادل آوارہ
دل کی دیواروں پہ میں نے
نام لکھا ہے تمہارا
او تیرے پیار پہ قربان

میرا دل میری جان

تجھے لگ جائے میری عمر

بازیگر او بازیگر، تو ہے بڑا جادوگر

بازیگر میں بازیگر، دل والوں کا میں دلبر

او میرا دل تھا اکیلا، تو نے کھیل ایسا کھیلا

تیری یاد میں جاگوں رات بھر

بازیگر او بازیگر

بازیگر میں بازیگر

***

گانا نمبر : ۱۵

نغمہ : ساتھیا تو نے کیا کیا

فلم : لَو (۱۹۹۱ء)

نغمہ نگار : مجروح سلطان پوری

گلوکار : ایس۔پی۔ بالاسبرانیم، چترا

موسیقار : آنند ملند

اداکار : سلمان خان، ریوتی، امجد خان

ساتھیا تو نے کیا کیا
بیلیا، یہ تو نے کیا کیا
میں نے کیا تیرا انتظار
اتنا کرو نا مجھے پیار
ساتھیا تو نے کیا کیا
بیلیا، یہ تو نے کیا کیا
یوں نہ کبھی کرنا انتظار
میں نے کیا ہے تم سے پیار

اتنی محبت سہہ نہ سکوں گا

سچ مانو زندہ رہ نہ سکوں گا

تجھ کو سنبھالوں یہ میرا ذمہ

میں ہوں تو کیا غم جانِ تمنا

اب جینا مرنا میرا ، جانم تیرے ہاتھ ہے

میں نے کہا نا صنم، اب تو میرے ساتھ ہے

تو پھر سنبھال یہ میں چلا

جانا کہاں آ دل میں آ

ساتھیا تو نے کیا کیا؟

بیلیا، یہ تو نے کیا کیا؟

دل کے چمن کا ہنسنا تو دیکھا

جاگی نظر کا سپنا تو دیکھا

ایسے ہوئے ہم ایک جان ایک دل

تو ہے کہ میں ہوں کہنا ہے مشکل

جھونکا بسنتی ہے تو، تن ہے گلابی میرا

دو رنگ ملنے کے بعد ہوتے نہیں ہیں جدا

تو پھر سنبھال دل یہ چلا
جانا کہاں آ دل میں آ
ساتھیا تو نے کیا کیا؟
بیلیا، یہ تو نے کیا کیا؟
یوں نہ کبھی کرنا انتظار
میں نے کیا ہے تم سے پیار

***

گانا نمبر : ۱٦

نغمہ : یہ حسین وادیاں یہ کھلا آسمان

فلم : روجا (۱۹۹۲)

نغمہ نگار : پی۔ کے۔ مشرا

گلوکار : ایس۔ پی۔ بالاسبرامنیم، کے۔ایس۔ چترا

موسیقار : اے آر رحمٰن

اداکار : اروند سوامی، مدھو، پنکج کپور

یہ حسین وادیاں یہ کھلا آسمان
آ گئے ہم کہاں اے میرے سجنا
ان بہاروں میں دل کی کلی کھل گئی
مجھ کو تم جو ملے ہر خوشی مل گئی
تیرے ہونٹوں پہ ہیں حسن کی بجلیاں
تیرے گالوں پہ ہیں زلف کی بدلیاں
تیرے بالوں کی خوشبو سے مہکے چمن
سنگ مرمر کے جیسا یہ تیرا بدن

میری جانِ جاں یہ ہے تیری چاندنی
چھیڑ دو تم آج کوئی پیار کی راگنی
یہ حسین وادیاں، یہ کھلا آسمان
آ گئے ہم کہاں، اے میرے سجنا
یہ بندھن ہے پیار کا، دیکھو ٹوٹے نہ سجنی
یہ جنموں کا ساتھ ہے، دیکھو چھوٹے نہ سجنا
تیرے آنچل کی چھاؤں کے تلے، میری منزل مجھے مل گئی
تیری پلکوں کی چھاؤں کے تلے، محبت مجھے مل گئی
یہ حسین وادیاں یہ کھلا آسمان
آ گئے ہم کہاں اے میرے سجنا
ان بہاروں میں دل کی کلی کھل گئی
مجھ کو تم جو ملے ہر خوشی مل گئی
یہ حسین وادیاں یہ کھلا آسمان
آ گئے ہم کہاں اے میرے سجنا
جی کرتا ہے سجنا دل میں تم کو بٹھا لوں
آ مستی کی رات میں اپنا تم کو بنا لوں

اٹھنے لگے ہیں طوفان کیا میرے سینہ میں اے صنم
تمہے چاہوں گا دل و جان سے میری جانِ جاں تیری قسم
یہ حسین وادیاں یہ کھلا آسمان
آ گئے ہم کہاں اے میرے سجنا
ان بہاروں میں دل کی کلی کھل گئی
مجھ کو تم جو ملے ہر خوشی مل گئی
میری جانِ جاں یہ ہے تیری چاندنی
چھیڑ دو تم آج کوئی پیار کی راگنی
یہ حسین وادیاں یہ کھلا آسمان
آ گئے ہم کہاں اے میرے سجنا
یہ حسین وادیاں یہ کھلا آسمان
آ گئے ہم کہاں اے میرے سجنا

***

گانا نمبر : ۱۷

نغمہ : مگر اس بار تم ہی آنا

فلم : دیوانہ (۱۹۹۲ء)

نغمہ نگار : سمیر

گلوکار : کمار سانو

موسیقار : ندیم شراون

اداکار : رشی کپور، دیویا بھارتی، شاہ رخ خان

سوچیں گے تمہیں پیار کریں کہ نہیں
یہ دل بیقرار کریں کہ نہیں
خوابوں میں چھپایا تم کو
یادوں میں بسایا تم کو
ملوگے ہمیں تم جانم کہیں نہ کہیں
سوچیں گے تمہیں پیار کریں کہ نہیں
تم ہو کھلتا مہکا سا کمل
ہم جو گائیں تم ہو وہ غزل

کمسن بھولا سا مکھڑا
لگتی ہو چاند کا اک ٹکڑا
ہم کتنی تعریف کریں
دیکھ کے تم کو آہیں بھریں
تم سے نہیں ہے کوئی پیارا
صنم پیارا صنم
سوچیں گے تمہیں پیار کریں کہ نہیں
جس دن تم کو دیکھے گی نظر
جانے دل پہ ہوگا کیا اثر
رکھیں گے تم کو نگاہوں میں
بھر لیں گے تم کو بانہوں میں
زلفوں کو ہم سلجھائیں گے
عشق میں دنیا بھلا دیں گے
یہ بیقراری اب تو ہوگی نہ کم
ہوگی نہ کم
سوچیں گے تمہیں پیار کریں کہ نہیں

خوابوں میں چھپایا تم کو
یادوں میں بسایا تم کو
ملوگے ہمیں تم جانم کہیں نہ کہیں
سوچیں گے تمھیں پیار کریں کہ نہیں
یہ دل بیقرار کریں کہ نہیں

***

گانا نمبر : ۱۸

نغمہ : سینے میں دل ہے، دل میں ہے دھڑکن

فلم : راجو بن گیا جنٹلمین (۱۹۹۲ء)

نغمہ نگار : دیو کوہلی

گلوکار : کمار سانو، الکا یاگنک

موسیقار : جتن للت

اداکار : شاہ رخ خان، جوہی چاؤلہ، نانا پاٹیکر

سینے میں دل ہے، دل میں ہے دھڑکن
دھڑکن میں ہے تو ہی تو
اے میری پہلی تمنا، اے میری آخری آرزو
آئی لو یو، آئی لو یو
تجھ کو دیکھو تو یہ جانا
تو ہی میری منزل ہے
سانسوں کے بن شاید جی لوں
تجھ بن جینا مشکل ہے

سانسوں میں سرگم، سرگم میں نغمے

نغموں میں تو ہی تو، آئی لو یو ---

موسم اس رنگ میں ڈھلتا ہے

جس رنگ میں تو آ جائے

میری صبحیں اور شامیں ہیں

تیری پلکوں کے سائے

آنکھوں میں نیندیں، نیندوں میں سپنے

سپنوں میں تو ہی تو، آئی لو یو ---

تیرے اک اشارے پر ہم

ساری دنیا بھلا دیں گے

تو گزرے جس راہ سے اس پر

پھول ہی پھول بچھا دیں گے

باغوں میں کلیاں، کلیوں میں خوشبو

خوشبو میں تو ہی تو، آئی لو یو ---

***

گانا نمبر : ۱۹

نغمہ : مدہوش دل کی دھڑکن

فلم : جب پیار کسی سے ہوتا ہے (۱۹۹۸ء)

نغمہ نگار : آنند بخشی

گلوکار : لتا منگیشکر، کمار سانو

موسیقار : جتن للت

اداکار : سلمان خان، ٹوئنکل کھنہ

مدہوش دل کی دھڑکن
چپ سی یہ تنہائی
چھپ گیا چاند کیوں
کیا تیری زلف لہرائی
پھر تیری یاد نے
دل میں لی یار انگڑائی
یہ رات جاگے
لمبی راتوں کو دل نہ لگے، کیا کروں

یہ سلسلے

دل کی باتوں کے جادو چلے، کیا کروں

مدہوش دل کی دھڑکن

چپ سی یہ تنہائی، یہ تیری عاشقی

کر نہ دے میری رسوائی

کہنا تھا جو ہونٹوں سے

میں نے آنکھوں سے وہ کہہ لیا

دل میں تیرے رہنا ہے مجھ کو

اس دنیا میں رہ لیا

آ لگ جا تو اس دل سے

کہ ملتے ہیں دل مشکل سے

مدہوش دل کی دھڑکن، چپ سی یہ تنہائی

دل لیا، جان بھی لے گا

یہ پیار ہرجائی، مدہوش دل کی دھڑکن ---

***

گانا نمبر : ۲۰

نغمہ : کیا موسم آیا ہے

فلم : اناڑی (۱۹۹۳ء)

نغمہ نگار : سمیر

گلوکار : ادت نارائن، سادھنا سرگم

موسیقار : آنند ملند

اداکار : وینکٹیش، کرشمہ کپور

کیا موسم آیا ہے، کیا موسم آیا ہے
پورب سے مستانی پروائی چلی
خوشبو سے مہکی پھولوں کی گلی
گیت گائے ندیاں لہروں میں ہے سرگم
ہے گھٹا دیوانی بوندوں میں ہے چھم چھم
محلوں کی رانی دکھ سے بیگانی
لگ جائے نہ دھوپ تجھے
اڑا اڑا جاؤں سب کو بتاؤں
دھوپ لگے ہے چھاؤں میں مجھے

کانٹوں سے ہو جائے پاؤں نہ گھائل
کانٹوں پے ناچوں گی باندھ کے میں پائل
گھر نہیں یہ تو کٹیا ہماری ہے
یہ تیری کٹیا تو محلوں سے پیاری ہے
بہتے پون کے اجلے گگن کے
جی کرتا ہے ساتھ چلوں
چکنی ڈگر ہے گرنے کا ڈر ہے
تھام کے تیرا ہاتھ چلوں
دھرتی پہ بکھرے ہیں اوس کے موتی
یہ تیری بولی تو سُر نئے پروتی
درد کا وہ آنگن میں چھوڑ کے آئی
کیا تجھے جنت کی رونق نہیں بھائی
کیا موسم آیا ہے، کیا موسم آیا ہے
پورب سے مستانی پروائی چلی
خوشبو سے مہکی پھولوں کی گلی

***

گانا نمبر : ۲۱

نغمہ : مجھے اللہ کی قسم تم سے پیار ہو گیا

فلم : صنم بے وفا (۱۹۹۱ء)

نغمہ نگار : ساون کمار ٹک

گلوکار : وپن سچدیو، لتا منگیشکر

موسیقار : مہیش کشور

اداکار : سلمان خان، چاندنی

مجھے اللہ کی قسم
اللہ اللہ کی قسم
تم سے پیار ہو گیا
بنا عید کے ہی
چاند کا دیدار ہو گیا
تم سے پیار ہو گیا
مجھے اللہ کی قسم
اللہ اللہ کی قسم

پاؤں میں گھنگرو باندھ کر
ناچی ہے جوانی
الفت کی شروع ہو گئی
ایک نئی کہانی
دیکھو حسن یہ پھر سے
عشق پر نثار ہو گیا
تم سے پیار ہو گیا
جی چاہتا ہے چوم لوں ہونٹوں کو
تمہارے ہونٹوں کو تمہارے
یہ ہونٹ کیا ہے
جسم و جان ہے نام تمہارے
یہ دل دیوانہ آپ کا سرکار ہو گیا
سرکار ہو گیا تم سے پیار ہو گیا
مجھے اللہ کی قسم
اللہ اللہ کی قسم
تم سے پیار ہو گیا

بنا عید کے ہی چاند کا دیدار ہو گیا
مجھے اللہ کی قسم
اللہ اللہ کی قسم
تم سے پیار ہو گیا

***

گانا نمبر : ۲۲

نغمہ : آ کے تیری بانہوں میں ہر شام لگے سندوری

فلم : ونش (۱۹۹۲ء)

نغمہ نگار : سمیر

گلوکار : لتا منگیشکر، ایس پی بالاسبرانیم

موسیقار : آنند ملند

اداکار : سدیش بیری، سدھارتھ رے، ایکتا سوہنی، انوپم کھیر

آ کے تیری بانہوں میں ہر شام لگے سندوری
میرے من کو مہکائے تیرے من کی کستوری
مہکی ہوائیں اڑتا آنچل، لٹ گھنگھریالے کالے بادل
پریم سدھا نینوں سے برسے، پی لینے کو جیون ترسے
بانہوں میں کس لینے دے، پریت کا چمبن دینے دے
ان اندھیروں سے چھلک نہ جائے یوون رس انگوری
سندرتا کا بہتا ساگر، تیرے لیے ہے روپ کے بادل
اندر دھنش کے رنگ چراؤں، تیری ظلمی مانگ سجاؤں

دو پھولوں کے کھلنے کا، وقت یہی ہے ملنے کا

آجا مل کے آج مٹا دے تھوڑی سی یہ دوری

***

گانا نمبر : ۲۳

نغمہ : پالکی میں ہو کے سوار چلی رے

فلم : کھلنائک (۱۹۹۳ء)

نغمہ نگار : آنند بخشی

گلوکار : الکا یاگنک

موسیقار : لکشمی کانت پیارے لال

اداکار : سنجے دت، جیکی شراف، مادھوری ڈکشٹ

او و و، کوئی روک سکے تو روک لے
میں ناچتی چھن چھن چھن چھن چھن
پالکی میں ہو کے سوار چلی رے
میں تو اپنے ساجن کے دوار چلی رے
کوئی روک سکے تو روک لے میں ناچتی
چھن چھن چھن چھن چھن
مشکل سے میں نے یہ دن نکالے
چلتے تیز چل تو او گاڑی والے

من میں لگی ہے ایسی لگن
ایسی لگن ہے ایسی لگن
ہو کے میں بڑی بے قرار چلی رے
میں تو اپنے ساجن کے دوار چلی رے
پالکی میں ہو کے سوار چلی رے
ہو جاؤں گی میں جل جل کے مٹی
میں نے پیا کو لکھ دی ہے چٹھی
تو نہ آ، تو نہ آ، میں آ رہی ہوں،
ساجن ساجن ساجن
کر کر کے میں انتظار چلی رے
میں تو اپنے ساجن کے دوار چلی رے
پالکی میں ہو کے سوار چلی رے
یہ سونا یہ چاندی یہ ہیرے یہ موتی
ہو سیاں بنا سیاں بنا سب کچھ ہے
نام کا نام کا نام کا
یہ میرا جوبن جوبن جوبن

یہ میرا جوبن کس کام کا کس کام کا
گھونگھٹ میں جلے
کب تک برہن برہن برہن
میں سر سے چنری اتار چلی رے
میں تو اپنے ساجن کے دوار چلی رے
کوئی روک سکے تو روک لے میں ناچتی
چھن چھن چھن چھن
پالکی میں ہو کے سوار چلی رے
میں تو اپنے ساجن کے دوار چلی رے
پالکی میں ہو کے سوار چلی رے
میں تو اپنے ساجن کے دوار چلی رے

***

گانا نمبر : ۲۴

نغمہ : انکھیاں ملاؤں کبھی انکھیاں چراؤں

فلم : راجہ (۱۹۹۵ء)

نغمہ نگار : سمیر

گلوکار : ادت نارائن، الکا یاگنک

موسیقار : ندیم شراون

اداکار : مادھوری ڈکشٹ، سنجے کپور

انکھیاں ملاؤں کبھی انکھیاں چراؤں
کیا تو نے کیا جادو
ہاں، کیا تو نے کیا جادو
کبھی گھبراؤں کبھی گلے لگ جاؤں
میرا خود پہ نہیں قابو
بنا پائل کے ہی بجے گھنگھرو
انکھیاں ملائے کبھی انکھیاں چرائے
کیا میں نے کیا جادو

کبھی گھبرائے کبھی گلے لگ جائے
تیرا خود پہ نہیں قابو
بنا پائل کے ہی بجے گھنگھرو
ایسے تو دیوانے مجھے پیار نہ کر
آتی ہے شرم دیدار نہ کر
چین چرا کے تکرار نہ کر
تجھ کو قسم انکار نہ کر
تیرے ارمانوں میں سنور گئی میں
تو نے مجھے دیکھا تو نکھر گئی میں
دیکھا جب تجھ کو ٹھہر گیا میں
ایسے ہی اداؤں پہ تو مر گیا میں
میری جانِ جاناں کیا چیز ہے تو
مجھ کو تو جان سے عزیز ہے تو
اتنی نہ کر تعریف میری
جانو میں تو جانوں چاہت کیا تیری
تیری الفت کا نشہ چھا گیا

کچھ بھی ہو جانِ جان مزہ آ گیا

دھیرے دھیرے دنیا سے دور ہوئی

عشق میں تیرے میں تو چور ہوئی

انکھیاں ملاؤں کبھی انکھیاں چراؤں

کیا تو نے کیا جادو

کبھی گھبراؤں کبھی گلے لگ جاؤں

میرا خود پہ نہیں قابو

بنا پائل کے ہی بجے گھنگھرو

***

گانا نمبر : ۲۵

نغمہ : کوئل سی تیری بولی

فلم : بیٹا (۱۹۹۲ء)

نغمہ نگار : سمیر

گلوکار : انورادھا پوڈوال، ادت نارائن

موسیقار : آنند ملند

اداکار : انیل کپور، مادھوری ڈکشٹ

کوئل سی تیری بولی
کو کو کو۔۔ کو کو۔۔
صورت ہے کتنی بھولی
کو کو کو۔۔ کو کو۔
نین تیرے کجرارے، ہونٹ تیرے انگارے
تجھے دیکھ کے دل میرا کھونے لگا۔۔
باتوں میں تیری سرگم
چھن چھن چھن چھن۔۔ چھن چھن چھن۔۔

من کو لبھائے پریتم
چھن چھن چھن چھن۔۔ چھن چھن چھن۔۔
رنگ تیرا رنگیلا، تو ہے چھیل چھبیلا
تجھے دیکھ کے کچھ مجھے ہونے لگا
یوون کی تو ملکہ
کھل کے تیرا بدن مہکے
آؤں جو پاس تیرے
سانسوں کا چمن مہکے
انگوں سے تیرے رس برسے
تیرے لیے جیون ترسے
میرے ہوش لیے جاتے ہیں
کنوارے تیرے کنگنا
تو نے مجھے بے چین کیا
تو نے بھی تو میرا چین لیا
باتوں میں تیری سرگم
چھن چھن چھن چھن۔۔ چھن چھن چھن۔۔

من کو لبھائے پریتم
چھن چھن چھن چھن۔۔
رنگ تیرا رنگیلا، تو ہے چھیل چھبیلا
تجھے دیکھ کے کچھ مجھے ہونے لگا
تو نے میرے تن کو چھوا
من میں ہوئی کوئی ہلچل
دل میرا ڈول گیا
ایسے اڑا تیرا آنچل
پریت کے رنگ رنگاؤں چنر
نام تیرے لکھ دی ہے عمر
بن کے میں آؤں گی دلہن تیرے انگنا
تیرے ملن کی پیاس جگی
کیسے کہوں کیا آگ لگی
کوئل سی تیری بولی
کوئل سی تیری بولی،
کو کو کو۔۔ کو کو۔۔

صورت ہے کتنی بھولی

کو کو کو۔۔ کو کو۔۔

نین تیرے کجرارے، ہونٹ تیرے انگارے

تجھے دیکھ کے دل میرا کھونے لگا

***

گانا نمبر : ۲۶

نغمہ : دیکھا ہے پہلی بار ساجن کی آنکھوں میں پیار

فلم : ساجن (۱۹۹۱ء)

نغمہ نگار : سمیر

گلوکار : الکا یاگنک، ایس پی بالاسبرامنیم

موسیقار : ندیم شراون

اداکار : سنجے دت، مادھوری ڈکشٹ، سلمان خان

دیکھا ہے پہلی بار ساجن کی آنکھوں میں پیار
اب جا کے آیا میرے بےچین دل کو قرار
دلبر تجھے ملنے کو کب سے تھا میں بےقرار
اب جا کے آیا میرے بےچین دل کو قرار
پلکیں جھکاؤں تجھے دل میں بساؤں
اب بن تیرے میں تو کہیں چین نا پاؤں
تو میرا جگر ہے
تو میری نظر ہے

تو میری آرزو

تو میرا ہم سفر ہے

میری ادائیں یہ میری جوانی

بس تیرے لیے ہے یہ میری زندگانی

تو میری غزل ہے

تو میرا ترانہ

آ تیری دھڑکنوں پہ

لکھ دوں دل کا فسانہ

دیکھا ہے پہلی بار ساجن کی آنکھوں میں پیار

دیکھا ہے پہلی بار جانم کی آنکھوں میں پیار

اب جا کے آیا میرے بےچین دل کو قرار

دلبر تجھے ملنے کو کب سے تھی میں بےقرار

***

گانا نمبر : ۲۷

نغمہ : لَو تجھے لَو میں کرتا ہوں

فلم : برسات (۱۹۹۵ء)

نغمہ نگار : سمیر

گلوکار : کمار سانو، الکا یاگنک

موسیقار : ندیم شراون

اداکار : بابی دیول، ٹوئنکل کھنہ

اگر کوئی مجھ سے یہ پوچھے، کیا؟
میں کیوں بے چین رہتا ہوں، کیوں؟
میری اس بیقراری کی وجہ کیا ہے، کیا؟
تیری اداؤں پہ مرتا ہوں
لَو تجھے لَو میں کرتا ہوں
تجھ سے بچھڑنے سے ڈرتی ہوں
لَو تجھے لَو میں کرتی ہوں
ذرا پاس آ

دور نہیں ایک پل رہنا ہے
دیکھو میرے اتنے قریب نہ آؤ
ڈر لگتا ہے
مجھ سے بھی کیا ڈرنا
چھوڑو تم ضد کرنا
تجھے دیکھ کے آہیں بھرتا ہوں
لَو تجھے لَو میں کرتا ہوں
تیری اداؤں پہ مرتا ہوں
لَو تجھے لَو میں کرتا ہوں
جب مجھے چھوڑ کے تو جاتا ہے
سچ کہتی ہوں
عشق میں اکثر یہ ہوتا ہے
پیار جو کرتا ہے روتا ہے
چاہت کے سارے غم سہہ لوں گی
چھوڑوں گی دنیا کو، تیرے دل میں رہ لوں گی
تیرے لیے سجتی سنورتی ہوں

لَو تجھے لَو میں کرتی ہوں

تیری اداؤں پہ مرتا ہوں

لَو تجھے لَو میں کرتا ہوں

***

گانا نمبر : ۲۸

نغمہ : چوری چوری جب نظریں ملیں

فلم : قریب (۱۹۹۸ء)

نغمہ نگار : راحت اندوری

گلوکار : کمار سانو، سنجیونی

موسیقار : انو ملک

اداکار : بابی دیول، شبانہ رضا (نیہا باجپئی)

یہ کیا ہوا کیسے ہوا
یہ کب ہوا کیا پتہ
چوری چوری جب نظریں ملیں
چوری چوری پھر نیندیں اڑیں
چوری چوری یہ دل نے کہا
چوری میں بھی ہے مزہ
کیا جانے کیا مل گیا
کیا جانے کیا کھو گیا

تو نے یہ کیا کر دیا

مجھ کو یہ کیا ہو گیا

پلکیں جھکیں پلکیں اٹھیں

کیا کہہ دیا کیا سن لیا

پھولوں کے خوابوں میں آ کر

خوشبو چرا لے گئی

بادل کا آنچل بھی آ کر

او پاگل ہوا لے گئی

ایک پھول نے ایک پھول سے

پھر کان میں کچھ کہا

رشتوں کے نیلے بھنور

کچھ اور گہرے ہوئے

تیرے میرے سائے ہیں

پانی پہ ٹھہرے ہوئے

جب پیار کا موتی گرے

بننے لگا ڈیرا

چوری چوری جب نظریں ملیں
چوری چوری پھر نیندیں اڑیں
چوری چوری یہ دل نے کہا
چوری میں بھی ہے مزہ

***

گانا نمبر : ۲۹

نغمہ : سن بیلیا شکریہ مہربانی

فلم : ۱۰۰ ڈیز (۱۹۹۱ء)

نغمہ نگار : دلیپ طاہر

گلوکار : لتا منگیشکر، ایس پی بالاسبرامنیم

موسیقار : رام لکشمن

اداکار : جیکی شراف، مادھوری ڈکشٹ

سن بیلیا شکریہ مہربانی

تو کہے تو نام

تیرے کر دوں ساری جوانی

ارے سن بیلیے سکریہ مہربانی

سن ماہیا شکریہ مہربانی

تو کہے تو نام

تیرے کر دوں ساری جوانی

پھولوں میں فضاؤں میں

ہواؤں میں رہے گا یہ فسانہ
تیری میری یاری یارا
یاد کرے گا یہ زمانہ
پیار کے سُر پیار کی لے
پیار کی ہو کہانی
سن بیلیا سن ماہیا سن بیلیا
شیشے کی طرح ہے میرا دل
دل توڑ نہ دینا
دنیا کو چھوڑا میں نے
تو مجھے چھوڑ نہ دینا
میرے دلبر تو نہیں ڈر
کیا میری زندگانی
سن ماہیا سن بیلیا سن ماہیا
شام سویرے میرے ہونٹوں پہ
ہے تیرا ہی ترانہ
میں دیوانی ہوں،

میرا دل بھی ہے تیرا ہی دیوانہ

جو کسی نے دی نہیں

دے مجھے وہ نشانی

ارے سن بیلیے

شکریہ مہربانی

تو کہے تو نام

تیرے کر دوں ساری جوانی

سن ماہیا سن بیلیا سن ماہیا

سن بیلیا سن ماہیا

***

گانا نمبر: ۳۰

نغمہ: گھونگھٹ کی آڑ سے دلبر کا دیدار ادھورا رہتا ہے

فلم: ہم ہیں راہی پیار کے (۱۹۹۳ء)

نغمہ نگار: سمیر

گلوکار: کمار سانو، الکا یاگنک

موسیقار: ندیم شراون

اداکار: عامر خان، جوہی چاؤلہ

گھونگھٹ کی آڑ سے دلبر کا
دیدار ادھورا رہتا ہے
جب تک نہ پڑے، عاشق کی نظر
سنگھار ادھورا رہتا ہے
گھونگھٹ کی آڑ سے دلبر کا
دیدار ادھورا رہتا ہے
جب تک نہ ملے، نظروں سے نظر
اقرار ادھورا رہتا ہے
گھونگھٹ کی آڑ سے دلبر کا

گورے مکھڑے سے گھونگھٹا ہٹانے دے
گھڑی اپنے ملن کی تو آنے دے
میرے دل پہ نہیں میرا قابو ہے
کچھ نہیں یہ چاہت کا جادو ہے
بڑھتی ہی جاتی ہیں صنم پیار کی یہ بےخودی
دو پریمیوں کے نہ ملنے سے
سنسار ادھورا رہتا ہے
جب تک نہ پڑے۔۔۔
باغ میں گل کا کھلنا ضروری ہے
ہاں محبت میں ملنا ضروری ہے
پاس آنے کا اچھا بہانہ ہے
کیا کروں میں کہ موسم دیوانہ ہے
دل میرا دھڑکانے لگی اب تو یہ دیوانگی
بنا کسی یار کے جان جاں
یہ پیار ادھورا رہتا ہے
جب تک نہ ملے۔۔۔

***

گانا نمبر : ۳۱

نغمہ : دھڑکن ذرا رک گئی ہے

فلم : پرہار (۱۹۹۱ء)

نغمہ نگار : منگیش کلکرنی

گلوکار : سریش واڈیکر

موسیقار : لکشمی کانت پیارے لال

اداکار : ڈمپل کپاڈیہ، مادھوری ڈکشٹ، نانا پاٹیکر، گوتم جوگلیکر

دھڑکن ذرا رک گئی ہے، کہیں زندگی بہہ رہی ہے
پلکوں میں یادوں کی ڈولی، بھیتر خوشی ہنس رہی ہے
یہ خوشی تم ہو، تم ہی تم، میری جانم کروں اعتبار
چہروں کے میلے میں چہرے تھے گم
ایک چہرہ تھا میں، ایک چہرہ تھے تم
جانے کیا تم نے دے دیا
مجھ کو جہاں مل گیا
ہونٹوں پر بات رہے، باتوں میں سر بہے

سروں میں گیت وہی تمہاری ہی بات کہے

مٹ جاؤں سپنوں کی آغوش میں

بھیگ جاؤں یادوں کی بوچھار میں

ملتے ہی آنکھوں نے رشتہ پہچانا

احساس سینے میں سانسوں نے جانا

چپکے سے پیار چھو گیا

دلا کے ایک جنم نیا

***

گانا نمبر : ۳۲

نغمہ : تنہائی، تنہائی، تنہائی

فلم : کوئلہ (۱۹۹۷ء)

نغمہ نگار : اندیور

گلوکار : الکا یاگنک، ادت نارائن

موسیقار : راجیش روشن

اداکار : مادھوری ڈکشٹ، شاہ رخ خان

تنہائی، تنہائی، تنہائی
دونوں کو پاس لے آئی
پیار میں بہہ گئے دو دل
موج یہ کیسی آئی
آج ہواؤں نے بنسی بجائی
بن کہے دل کی بات بتائی
لے ڈوبی میرے پاگل من کو
تیرے پیار کی یہ گہرائی

درد کا تیرے احساس رہا ہے

تیرا احساس میرے پاس رہا ہے

ایک تجھے بس میری لگن تھی

بات یہ دیر سے سمجھ میں ہے آئی

***

گانا نمبر : ۳۳

نغمہ : پیار کبھی کم نہیں کرنا

فلم : پریم پرتگیہ (۱۹۸۹ء)

نغمہ نگار : اندیور

گلوکار : آشا بھونسلے، بپی لہری

موسیقار : بپی لہری

اداکار : متھن چکرورتی، مادھوری ڈکشٹ

پیار کبھی کم نہیں کرنا
کوئی ستم کر لینا
مر جائیں گے عاشق ورنہ
اتنا کرم کر لینا
میری صبح اور میری شام
آتی ہے لے کر آپ کا نام
آپ کے ہی قدموں میں صنم
گزرے گی میری عمر تمام

ہم کو جدا مت کرنا
چاہے سر کو قلم کر دینا
میں نے اپنی خوشیاں تمام
کر دی آج سے آپ کے نام
پیار کا جب آغاز کیا
کیوں سوچے دل کا انجام
دل پہ ہمارے تیروں کی برکھا
جتنا ہو دم کر لینا

***

گانا نمبر : ۳۴

نغمہ : تارے ہیں باراتی چاندنی ہے یہ بارات

فلم : وراثت (۱۹۹۷ء)

نغمہ نگار : جاوید اختر

گلوکار : کمار سانو، جسپیندر نرولا

موسیقار : انو ملک

اداکار : انیل کپور، پوجا بترہ، تبو

انکھیاں ملا کے چنا پاویں نہ جدائی وے
دیویں نہ طاری میں نو ساری خدائی وے
تارے ہیں باراتی چاندنی ہے یہ بارات
ساتوں پھیرے ہونگے اب ہاتھوں میں لے کے ہاتھ
جیون ساتھی ہم، دیا اور باتی ہم
گنگا یمنا سے بھی پاون تیرا میرا بندھن
تیرا پریم ہے پھلواری اور میرا من ہے آنگن
جنموں جنموں کا ہے سجنی تیرا میرا ساتھ

ساتوں پھیرے ہونگے اب ہاتھوں میں لے کے ہاتھ
جیون ساتھی ہم، دیا اور باتی ہم

تو جو جیون میں جو پریتم سکھ نہیں مانگوں دوجا
آرتی نینوں سے کرتی ہوں، من سے تیری پوجا
میں تو دھرم ہی سمجھوں تیری کہی ہوئی ہر بات
ساتوں پھیرے ہونگے اب ہاتھوں میں لے کے ہاتھ
جیون ساتھی ہم، دیا اور باتی ہم

***

گانا نمبر : ۳۵

نغمہ : گھر سے نکلتے ہی ، کچھ دور چلتے ہی

فلم : پاپا کہتے ہیں (۱۹۹۶ء)

نغمہ نگار : جاوید اختر

گلوکار : ادت نارائن

موسیقار : راجیش روشن

اداکار : جگل ہنس راج، میوری کانگو

گھر سے نکلتے ہی
کچھ دور چلتے ہی
رستے میں ہے اس کا گھر
کل صبح دیکھا تو
بال بناتی وہ
کھڑکی میں آئی نظر
معصوم چہرہ، نیچی نگاہیں
بھولی سی لڑکی، بھولی ادائیں
نہ اپسرا ہے، نہ وہ پری ہے

لیکن یہ اس کی جادوگری ہے
دیوانہ کر دے وہ، ایک رنگ بھر دے وہ
شرما کے دیکھے جدھر
کرتا ہوں اس کے گھر کے میں پھیرے
ہنسنے لگے ہیں اب دوست میرے
سچ کہہ رہا ہوں، اس کی قسم ہے
میں پھر بھی خوش ہوں، بس ایک غم ہے
جسے پیار کرتا ہوں، میں جس پہ مرتا ہوں
اس کو نہیں ہے خبر
لڑکی ہے جیسے کوئی پہیلی
کل جو ملی مجھ کو اس کی سہیلی
میں نے کہا اس کو جا کے یہ کہنا
اچھا نہیں ہے یوں دور رہنا
کل شام نکلے وہ گھر سے ٹہلنے کو
ملنا جو چاہے اگر

***

گانا نمبر : ۳٦

نغمہ : آنکھوں میں نیندیں نہ دل میں قرار

فلم : صنم (۱۹۹۷ء)

نغمہ نگار : سمیر

گلوکار : کمار سانو، الکا یاگنک

موسیقار : آنند ملند

اداکار : سنجے دت، منیشا کوئرالہ، وویک مشران

آنکھوں میں نیندیں نہ دل میں قرار
محبت بھی کیا چیز ہوتی ہے یار
کبھی بےخودی تو کبھی انتظار
محبت بھی کیا چیز ہوتی ہے یار
درد اٹھے پیاس جگے یاد ستائے
کوئی سدا شام و سحر پاس بلائے
رات ڈھلے دھوپ کھلے آئے تیری یاد
چاہتوں کے آشیاں میں دل کا بسیرا

صنم کیوں جانے ہے بیقراری
ہم ہیں میں نیند کھلی، ہیں آنکھیں
خمار یہ کیسا ہے پہ دل گھڑی ہر
نیندیں۔۔۔ میں آنکھوں
پاؤں نہ بھول بھی پل ایک تجھے تو میں
آؤں کے دوڑ تیرے پاس وفا جان
صنم دوں توڑ سبھی رسمیں کہے جو تو
صنم دوں چھوڑ جہاں دونوں لیے تیرے
بن تیرے عمر گی کٹے کیسے دن، یہ کٹے نہ کٹے، نہ رات
بار ایک ہے ہوتا میں زندگی پیار
نیندیں۔۔۔ میں آنکھوں

***

گانا نمبر : ۳۷

نغمہ : میرے خوابوں میں جو آئے

فلم : دل والے دلہنیا لے جائیں گے (۱۹۹۵ء)

نغمہ نگار : آنند بخشی

گلوکار : لتا منگیشکر

موسیقار : جتن للت

اداکار : شاہ رخ خان، کاجول

میرے خوابوں میں جو آئے
آ کے مجھے چھیڑ جائے
اس سے کہو کبھی سامنے تو آئے
کیسا ہے، کون ہے وہ، جانے کہاں ہے
جس کے لیے میرے ہونٹوں پہ ہاں ہے
اپنا ہے یا بیگانہ ہے وہ
سچ ہے یا کوئی افسانہ ہے وہ
دیکھے گھور گھور کے، یوں ہی دور دور سے

اس سے کہو میری نیند نہ چرائے
جادو سا جیسے کوئی چلنے لگا ہے
میں کیا کروں دل مچلنے لگا ہے
تیرا دیوانہ ہوں، کہتا ہے وہ
چھپ چھپ کے پھر کیوں رہتا ہے وہ
کر بیٹھا بھول وہ، لے آیا پھول وہ
اس سے کہو جائے، چاند لے کے آئے

***

گانا نمبر : ۳۸

نغمہ : آئے ہو میری زندگی میں تم بہار بن کے

فلم : راجہ ہندوستانی (۱۹۹۶ء)

نغمہ نگار : سمیر

گلوکار : ادت نارائن، الکا یاگنک

موسیقار : ندیم شراون

اداکار : عامر خان، کرشمہ کپور

آئے ہو میری زندگی میں
تم بہار بن کے
میرے دل میں یوں ہی رہنا
تم پیار پیار بن کے
آنکھوں میں تم بسے ہو
سپنے ہزار بن کے
میرے دل میں یوں ہی ---
گھونگھٹ میں ہر کلی تھی، رنگوں میں نہ ڈھلی تھی
نہ شوخ تھی ہوائیں، نہ خوشبو منچلی تھی

آیا ہے اب کے موسم کیسا خمار بن کے
میرے دل میں یوں ہی ---
من کا نگر تھا خالی، سوکھی پڑی تھی ڈالی
ہولی کے رنگ پھیکے، بےنور تھی دیوالی
رم جھم برس پڑے ہو تم تو پھوار بن کے
میرے دل میں یوں ہی ---
میرے ساتھی میرے ساجن، میرے ساتھ یوں ہی چلنا
بدلے گا رنگ زمانہ پر تم نہیں بدلنا
میری مانگ یوں ہی بھرنا تارے ہزار بن کے
میرے دل میں یوں ہی ---
گر میں جو روٹھ جاؤں، تو تم مجھے منانا
تھاما ہے ہاتھ میرا، پھر عمر بھر نبھانا
مجھے چھوڑ کے نہ جانا وعدے ہزار کر کے
میرے دل میں یوں ہی رہنا
تم پیار پیار بن کے

***

گانا نمبر : ۳۹

نغمہ : تم پاس آئے ، یوں مسکرائے

فلم : کچھ کچھ ہوتا ہے (۱۹۹۸ء)

نغمہ نگار : سمیر

گلوکار : کویتا کرشنا مورتی، ادت نارائن

موسیقار : جتن للت

اداکار : شاہ رخ خان، کاجول، رانی مکرجی

تم پاس آئے ، یوں مسکرائے
تم نے نہ جانے کیا سپنے دکھائے
اب تو میرا دل، جاگے نہ سوتا ہے
کیا کروں ہائے، کچھ کچھ ہوتا ہے---
نہ جانے کیسا احساس ہے
بجھتی نہیں ہے کیا پیاس ہے
کیا نشہ اس پیار کا
مجھ پہ صنم، چھانے لگا

کوئی نہ جانے کیوں چین کھوتا ہے
کیا کروں ہائے
کچھ کچھ ہوتا ہے---
کیا رنگ لائی میری دعا
یہ عشق جانے کیسے ہوا
بے چینیوں میں چین نہ جانے کیوں آنے لگا
تنہائی میں دل یادیں سنجوتا ہے
کیا کروں ہائے، کچھ کچھ ہوتا ہے---
جان وفا ہو کے بے قرار
برسوں کیا میں نے انتظار
پر کبھی تو نے نہیں یہ تب کہا
جو اب کہا، دل بے بسی میں چپکے سے روتا ہے
کیا کروں ہائے، کچھ کچھ ہوتا ہے---

***

گانا نمبر : ۴۰

نغمہ : چاند سے پردہ کیجیے

فلم : آؤ پیار کریں (۱۹۹۴ء)

نغمہ نگار : شیام راج

گلوکار : کمار سانو

موسیقار : آدیش سری واستو

اداکار : سیف علی خان، شلپا شیٹی، سومی علی

چاند سے پردہ کیجیے
ہاں چاند سے پردہ کیجیے
کہیں چرا نہ لے چہرے کا نور
اے میرے ہم نوا، اے میرے حضور
زلفوں سے اڑی خوشبو پیار کی
ہونٹوں پر کھل گئی کلیاں بہار کی
پھول سے پردہ کیجیے
ہاں پھول سے پردہ کیجیے

کہیں چرا نہ لے چہرے کا نور
اے میرے ہم نوا، اے میرے حضور
لگتی ہو کسی شاعر کا خیال
ایسی سادگی تو ہے خود میں بے مثال
خود سے پردہ کیجیے
ہاں خود سے پردہ کیجیے
کہیں چرا نہ لے چہرے کا نور
اے میرے ہم نوا، اے میرے حضور
ہنس دیں آپ اگر بن جائے داستاں
پلکیں جو جھکیں کہیں جھک جائے آسماں
رب سے پردہ کیجیے
ہاں رب سے پردہ کیجیے
کہیں چرا نہ لے چہرے کا نور
اے میرے ہم نوا، اے میرے حضور

***

گانا نمبر : ۴۱

نغمہ : بڑی مشکل ہے، کھویا میرا دل ہے

فلم : انجام (۱۹۹۴ء)

نغمہ نگار : سمیر

گلوکار : ابھیجیت بھٹاچاریہ

موسیقار : آنند ملند

اداکار : شاہ رخ خان، مادھوری ڈکشٹ، دیپک تجوری

بڑی مشکل ہے، کھویا میرا دل ہے

کوئی اسے ڈھونڈ کے لائے ناں

جا کے کہاں میں رپٹ لکھاؤں، کوئی بتلائے ناں

میں روؤں یا ہنسوں، کروں میں کیا کروں ---

دیوانگی کی حد سے، آگے گزر نہ جاؤں

آنکھوں میں اس کا چہرا، کیسے اسے دکھلاؤں

وہ ہے، سب سے حسیں، ویسا کوئی بھی نہیں

میرے خدا ، اس کی ادا ، ہے بڑی قاتل

مجھے نہیں پتا ، چھایا ہے کیا نشہ

میں روؤں یا ہنسوں، کروں میں کیا کروں ---

سپنوں میں آنے والی ، بانہوں میں کب آئے گی

اتنے دنوں تک مجھ کو، ایسے وہ تڑپائے گی

دیکھوں، مڑ کے جدھر، پائے وہی نظر

میری ڈگر ، میرا سفر ، وہ میری منزل

دیوانہ ہے سماں، جاگے ہیں ارماں

میں روؤں یا ہنسوں، کروں میں کیا کروں ---

بڑی مشکل ہے، کھویا میرا دل ہے

کوئی اسے ڈھونڈ کے لائے ناں

***

گانا نمبر: ۴۲

نغمہ : اے کاش کہ ہم ہوش میں اب آنے نہ پائیں

فلم : کبھی ہاں کبھی ناں (۱۹۹۴ء)

نغمہ نگار : سمیر

گلوکار : جسپیندر نرولا، سونو نگم

موسیقار : آنند ملند

اداکار : شاہ رخ خان، سچترا کرشنامورتی، دیپک تجوری

اے کاش کہ ہم ہوش میں اب آنے نہ پائیں
بس نغمے تیرے پیار کے گاتے ہی جائیں
کھلتی مہکتی یہ زلفوں کی شام
ہنستے، کھنکتے یہ ہونٹوں کے جام
آ جھوم کے ساتھ اٹھائیں، بس نغمے تیرے پیار کے ---
ہو بس اگر تم ہمارے صنم
ہم تو ستاروں پہ رکھ دیں قدم
سارا جہاں بھول جائیں، بس نغمے تیرے پیار کے ---

***

گانا نمبر : ۴۳

نغمہ : پہلا پہلا پیار ہے، پہلی پہلی بار ہے

فلم : ہم آپ کے ہیں کون (۱۹۹۴ء)

نغمہ نگار : دیو کوہلی

گلوکار : ایس پی بالا سبرامنیم

موسیقار : رام لکشمن

اداکار : مادھوری ڈکشٹ، سلمان خان

پہلا پہلا پیار ہے، پہلی پہلی بار ہے
جان کے بھی انجانا، کیسا میرا یار ہے
اس کی نظر ، پلکوں کی چلمن سے مجھے دیکھتی
اس کی حیا ، اپنی چاہت کا راز کھولتی
چھپ کے کرے جو وفا، ایسا میرا یار ہے
وہ ہے نِشا ، وہ ہی میری زندگی کا بھور ہے
اسے ہے پتا ، اس کے ہی ہاتھوں میں میری ڈور ہے
سارے جہاں سے جدا ، ایسا میرا یار ہے

***

گانا نمبر : ۴۴

نغمہ : جادو تیری نظر

فلم : ڈر (۱۹۹۳ء)

نغمہ نگار : آنند بخشی

گلوکار : لتا منگیشکر، ادت نارائن

موسیقار : شیو ہری

اداکار : سنی دیول، جوہی چاولہ، شاہ رخ خان

جادو تیری نظر ، خوشبو تیرا بدن
تو ہاں کر یا نہ کر
تو ہے میری کرن ، تو ہے میری کرن
جادو تیری نظر ---
میرے خوابوں کی تصویر ہے تو
بے خبر میری تقدیر ہے تو
تو کسی اور کی ہو نہ جانا
کچھ بھی کر جاؤں گا میں دیوانہ

تو ہاں کر یا ---

فاصلے اور کم ہو رہے ہیں

دور سے پاس ہم ہو رہے ہیں

مانگ لوں گا میں تجھے آسماں سے

چھین لوں گا تجھے اس جہاں سے

تو ہاں کر یا نہ کر

تو ہے میری کرن ، تو ہے میری کرن

جادو تیری نظر ---

***

گانا نمبر : ۴۵

نغمہ : یہ کالی کالی آنکھیں ---

فلم : بازیگر (۱۹۹۳ء)

نغمہ نگار : دیو کوہلی

گلوکار : کمار سانو، انو ملک

موسیقار : انو ملک

اداکار : شاہ رخ خان، کاجول، شلپا شیٹی

یہ کالی کالی آنکھیں یہ گورے گورے گال
یہ تیکھی تیکھی نظریں یہ ہرنی جیسی چال
دیکھا جو تجھے جانم ہوا ہے برا حال
یہ کالی آنکھیں ---
میں ملا، تو ملی، تو ملی، میں ملا
دنیا جلے تو جلے
پیار کریں گے، تجھ پہ مریں گے، دھک دھک دل یہ کرے
اف تیری دل لگی، دل کو جلانے لگی

دلربا تو مجھے نخرے دکھانے لگی

غیروں کی بانہوں میں اٹھلا کے جانے لگی

یہ تیری بےرخی مجھ کو ستانے لگی

چھوڑو جی چھوڑو صنم، ضد اپنی چھوڑو صنم

نازک ہے دل یہ میرا، دل کو نہ توڑو صنم

یہ لمبی لمبی راتیں، آ کر لے ملاقاتیں

جانے کیوں دل یہ میرا، تیرا ہی ہونا چاہے

غصے میں لال نہ کر، یہ گورے گورے گال

یہ کالی کالی آنکھیں ---

نہ تو کر کھٹ پٹ، کر پیار جھٹ پٹ

میرے آجا تو نکٹ، کاٹوں پیار کا ٹکٹ

نہ تو زلفیں جھٹک، نہ تو پیر پٹخ

ارے ایسے نہ مٹک، دل گیا ہے بھٹک

چہرے پہ تیرے صنم، لیلیٰ کی ہیں شوخیاں

ہیر سے بڑھ کے ہیں، آنکھوں کی یہ مستیاں

جولیٹ کی طرح ہونٹوں پہ ہیں سرخیاں

دیکھ لے خود کو تو، نظر سے میری جانِ جاں
دیکھی جو تیری ادا، میں فدا ہو گیا
سینے سے لگ جا ذرا، جینے کا آئے مزا
یہ بکھری بکھری زلفیں، یہ جھکی جھکی پلکیں
یہ گوری گوری بانہیں، ہم کیوں نہ تمہیں چاہیں
ایسا تو ہم نے پہلے، دیکھا نہیں کمال
یہ کالی کالی آنکھیں ---

***

گانا نمبر : ۴٦

نغمہ : تم سے ملنے کی تمنا ہے پیار کا ارادہ ہے

فلم : ساجن (۱۹۹۱ء)

نغمہ نگار : سمیر

گلوکار : ایس پی بالا سبرانیم

موسیقار : ندیم شراون

اداکار : مادھوری ڈکشت، سنجے دت، سلمان خان

تم سے ملنے کی تمنا ہے
پیار کا ارادہ ہے
اور ایک وعدہ ہے جانم
جو کبھی ہم ملے
تو زمانہ دیکھے گا اپنا پیار
او میرے یار ---
میں شاعر نہیں، دیوانہ نہیں
میں عاشق نہیں پروانہ نہیں

ملی جب سے نظر تب سے جانِ جگر

میں ہو گیا دیوانہ ، میں ہو گیا دیوانہ

اب جانے کیا ہو گا جانِ جاناں

تم سے ملنے کی تمنا ہے ---

کیا پتا پھر کہاں کب ملاقات ہو

وہ حسینہ سے پھر دل کی بات ہو

اس کے جیسی ہنسی میں نے دیکھی نہیں

روکے گا کیا زمانہ میں نے دل میں ہے ٹھانا

مجھ کو اسے ہے ابھی اپنا بنانا

تم سے ملنے کی تمنا ہے پیار کا ارادہ ہے

اور ایک وعدہ ہے جانم

***

گانا نمبر : ۴۷

نغمہ : دو دل مل رہے ہیں مگر چپکے چپکے

فلم : پردیس (۱۹۹۷ء)

نغمہ نگار : آنند بخشی

گلوکار : کمار سانو

موسیقار : ندیم شراون

اداکار : شاہ رخ خان، مہیما چودھری

دو دل مل رہے ہیں، مگر چپکے چپکے
سب کو ہو رہی ہے خبر چپکے چپکے
سانسوں میں بڑی بیقراری، آنکھوں میں کئی رت جگے
کبھی کہیں لگ جائے دل تو، کہیں پھر دل نہ لگے
اپنا دل میں ذرا تھام لوں، جادو کا میں اسے نام دوں
جادو کر رہا ہے اثر چپکے چپکے
ایسے بھولے بن کر ہیں بیٹھے جیسے کوئی بات نہیں
سب کچھ نظر آ رہا ہے، دن ہے یہ رات نہیں

کیا ہے کچھ بھی نہیں ہے اگر، ہونٹوں پہ ہے خاموشی مگر
باتیں کر رہی ہیں، نظر چپکے چپکے
کہیں آگ لگنے سے پہلے، اٹھتا ہے ایسا دھواں
جیسا ہے ادھر کا نظارا، ویسا ہی ادھر کا سماں
دل میں کیسی کسک سی جگی، دونوں جانب برابر لگی
دیکھو تو ادھر سے ادھر چپکے چپکے
دو دل مل رہے ہیں، مگر چپکے چپکے
سب کو ہو رہی ہے خبر چپکے چپکے

***

گانا نمبر : ۴۸

نغمہ : نجانے کہاں دل کھو گیا

فلم : دل (۱۹۹۰ء)

نغمہ نگار : سمیر

گلوکار : ادت نارائن، انورادھا پودوال

موسیقار : آنند ملند

اداکار : عامر خان، مادھوری ڈکشٹ

مجھے نیند نہ آئے، مجھے چین نہ آئے
کوئی جائے ذرا ڈھونڈ کے لائے
نجانے کہاں دل کھو گیا، نجانے کہاں دل کھو گیا
حالت کیا ہے کیسے تجھے بتاؤں میں
کروٹ بدل بدل کے رات بِتاؤں میں
پوچھو ذرا پوچھو کیا حال ہے
حال میرا بے حال ہے
کوئی سمجھ نہ پائے کیا روگ ستائے

کوئی جائے ذرا ڈھونڈ کے لائے
نجانے کہاں دل کھو گیا
جان سے بھی پیارا مجھ کو میرا دل ہے
اس کے بنا اک پل بھی جینا مشکل ہے
توبہ میری توبہ کیا درد ہے
درد بڑا بےدرد ہے
کبھی مجھ کو ہنسائے، کبھی مجھ کو رلائے
کوئی جائے ذرا ڈھونڈ کے لائے
نجانے کہاں دل کھو گیا، نجانے کہاں دل کھو گیا

***

گانا نمبر : ۴۹

نغمہ : راہ میں ان سے ملاقات ہو گئی

فلم : وجے پتھ (۱۹۹۴ء)

نغمہ نگار : اندیور

گلوکار : کمار سانو، الکا یاگنک

موسیقار : انو ملک

اداکار : اجے دیوگن، تبو

راہ میں ان سے ملاقات ہو گئی
جس سے ڈرتے تھے وہی بات ہو گئی
عشق کے نام سے ڈر لگتا تھا
دل کے انجام سے ڈر لگتا تھا
عاشقی وہ ہی میرے ساتھ ہو گئی
جس سے ڈرتے تھے وہی بات ہو گئی
تیرے بن کچھ نہیں بھاتا ہے مجھے
ہر طرف تو نظر آتا ہے مجھے

زندگی تاروں کی بارات ہو گئی
جس سے ڈرتے تھے وہی بات ہو گئی
آنکھ روئے نام پہ تیرے ساون کی طرح
تو سمائی دل میں میرے دھڑکن کی طرح
ہر طرف پیار کی برسات ہو گئی
جس سے ڈرتے تھے وہی بات ہو گئی
راہ میں ان سے ملاقات ہو گئی
جس سے ڈرتے تھے وہی بات ہو گئی

***

گانا نمبر : ۵۰

نغمہ : ہر قسم سے بڑی ہے قسم پیار کی

فلم : باغی (۱۹۹۰ء)

نغمہ نگار : سمیر

گلوکار : ابھیجیت، کویتا کرشنامورتی

موسیقار : آنند شریواستو

اداکار : سلمان خان، نغمہ

ہر قسم سے بڑی ہے قسم پیار کی
مر کے بھی اس قسم کو نہ توڑیں گے ہم
چھوڑ دیں گے زمانے کی ساری خوشی
ساتھ تیرا کبھی بھی نہ چھوڑیں گے ہم
سانسوں میں ہے سرگم تیری
دھڑکن میں تیرے نغمے صنم
یہ زندگی کچھ بھی نہیں
تیرے لیے پھر لیں گے جنم
دل کی کلی کھل ہی گئی

منزل ہمیں مل ہی گئی
آندھی جو آئے گی، وہ لوٹ جائے گی
طوفان کو بھی موڑیں گے ہم
آنکھیں ملیں، پلکیں جھکیں
جانے کہاں ہم کھو گئے
پہلی نظر میں ہم سفر
ایک دوسرے کے ہو گئے
چاہت نئی جگنے لگی
دنیا حسیں لگنے لگی
توڑے نہ ٹوٹے گا، چھوڑے نہ چھوٹے گا
ایسے ناتا جوڑیں گے ہم
ہر قسم سے بڑی ہے قسم پیار کی
مر کے بھی اس قسم کو نہ توڑیں گے ہم
چھوڑ دیں گے زمانے کی ساری خوشی
ساتھ تیرا کبھی بھی نہ چھوڑیں گے ہم

***

گانا نمبر : ۵۱

نغمہ : دل تو پاگل ہے دل دیوانہ ہے

فلم : دل تو پاگل ہے (۱۹۹۷ء)

نغمہ نگار : آنند بخشی

گلوکار : لتا منگیشکر، ادت نارائن

موسیقار : اتم سنگھ

اداکار : مادھوری ڈکشت، شاہ رخ خان، کرشمہ کپور، اکشے کمار

دل تو پاگل ہے، دل دیوانہ ہے

پہلی پہلی بار ملاتا ہے یہی، سینے میں پھر آگ لگاتا ہے

دھیرے دھیرے پیار سکھاتا ہے یہی، ہنساتا یہی، یہی رلاتا ہے

ساری ساری رات جگاتا ہے یہی، انکھیوں سے نیند چراتا ہے

سچے جھوٹے خواب دکھاتا ہے یہی، ہنساتا یہی، یہی رلاتا ہے

اس دل کی باتوں میں جو آتے ہیں، وہ بھی دیوانے ہو جاتے ہیں

منزل تو راہی ڈھونڈ لیتے ہیں، رستے مگر کھو جاتے ہیں

صورت سے میں نہ پہچانوں گی، نام سے بھی نہ اس کو جانوں گی

دیکھوں گی کچھ نہ میں سوچوں گی، دل جو کہے گا وہی مانوں گی
دل کا کہنا ہم سب مانیں، دل نہ کسی کی مانے
جان دی ہم نے، جان گئے سب اک وہ ہی نہ جانے
رہنے دو چھوڑو یہ کہانیاں، دیوانے پن کی سب نشانیاں
لوگوں کی ساری پریشانیاں، اس دل کی ہیں یہ مہربانیاں
دل تو پاگل ہے، دل دیوانہ ہے
دل تو پاگل ہے، دل دیوانہ ہے

***

گانا نمبر : ۵۲

نغمہ : نظر کے سامنے جگر کے پاس

فلم : عاشقی (۱۹۹۰ء)

نغمہ نگار : سمیر

گلوکار : انورادھا پودوال، کمار سانو

موسیقار : ندیم شراون

اداکار : راہل رائے، انو اگروال

نظر کے سامنے، جگر کے پاس
کوئی رہتا ہے، وہ ہو تم
بے تابی کیا ہوتی ہے، پوچھو میرے دل سے
تنہا تنہا لوٹا ہوں، میں تو بھری محفل سے
مر نہ جاؤں کہیں، ہو کے تم سے جدا
تنہائی جینے نہ دے، بے چینی تڑپائے
تم کو میں نہ دیکھوں تو دل میرا گھبرائے
اب مجھے چھوڑ کے دور جانا نہیں

نظر کے سامنے، جگر کے پاس
کوئی رہتا ہے، وہ ہو تم

***

فہرست

***